뉴 히트송·트로트

1

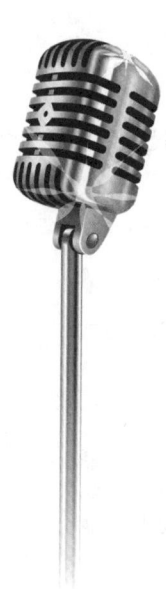

일신서적출판사

🎤차 례

트로트(가나다 순)

바람의 노래

현역가왕2 신유

김순곤 작사
김정욱 작곡
조용필 노래

1. 살 - 면서　듣게 될 - 까　언젠가 는　바람 에노래 -
2.3. 나를떠난　사람 들 - 과　만나게 될　또다 른사람 -

를　세월가면　그때 는　알게될 까　꽃 -
들　스쳐가는　인연 과　그리움 은　어 -

이　지 - 는　이유 를 - - -　가　나의
느　곳으로　가는

작 은지혜로는　알수가 없 네 -　내가 아는건살아가는　방법

6

뿐이야 -　　보다많 은　실패와고 -뇌의 시간이 -　　비켜갈

수　없다는걸 -우린 깨 달-았-네　　이 -제그해답이 -

사 -랑이라면 나는 이세상모든것들을 사랑하 겠 네-

D.S. al Coda

겠 네 -　　　　　　　　　보다많 은 실패와고 -뇌의

시간이 -　　비켜갈 수 없다는걸 -우린 깨 달-았-네

이 -제그해답이 -　사 -랑이라면 나는 이세상모든것들을 사랑하

겠 네 - -나는 이세상모든것들을 사랑하 겠 네 - - 나는

이세상모든것들을 - - 사랑하겠 네 -

들꽃

손태진

불꽃남자 작사
이상준 작곡
주병선 노래

밤 - 하늘 달걸음 따 - 라-서 - 당
당 - 신과 나란히 잠 - 든-밤 - 수

신 - 이보 고-싶은 밤　　　가 슴-속에가 득-
척 - 한그 댈-보면 서　　　나 도-몰래글 썽-

별 님-처럼가 득-　당 신 얼굴이 -아련 해- -
당 신-몰래글 썽-　눈 물 소리가 -가득 해- -

아　　내안에 활 짝 -피어난　　들 꽃-하나꺾 어 -쥐고
아　　세상에 고 운 -사랑아　　이 사 - 람좀데 려 -가주

서 - - - - 사랑 이 - 라오 한송이 꽃 이- 라오 -천송
오 - - - -

8

이 만 송이 당신께 주 고- 픈데- 손끝 에 엉 성히- 구겨진

들 꽃- 하나가- 내맘 을 불꽃처럼 -태웠 소- - - -

소- - - - -사랑

이 - 라오 한송이 꽃 이- 라오 -천송이 만 송이 당신께

주 고- 픈데- 손끝에 엉 성히- 구겨진 들 꽃- 하나가- 내맘

을 불꽃처럼 -태웠 소- - - -

금수저

미스터트롯3 김용빈

구희상 작사
구희상 작곡
김용빈 노래

그댈

만 나러가는길은 꽃길입니다   하늘을날고싶어 요   나의
만 나고오는길도 꽃길입니다   세상이내것같아 요   깊은

맘 속에푸른하늘 새하얀구름 아 - 득 히일렁이네 요
밤 하늘반짝이는 저별들처럼 내 - 맘 도눈부시네 요

그대도그런 가 - 요 -   나 를사랑하나 요

두 근거리는마 음   감 추고싶지않아 - 요 -

사뿐 히사뿐 히 다가오세요   살며 시살며 시 녹아드네요

10

사랑 이사랑 이 내게왔어요 누구 도부럽지않 - 아 -

금은 보화 가 없 어 - 도 나는 금수 저랍니 다

그댈

사뿐 히사뿐 히 다 가오세요 살며 시살며 시 녹아드네요

사랑 이사랑 이 내게왔어요 누구 도부럽지않 - 아 -

금은 보화 가 없 어 - 도 나는 금수저랍니 다

나 는 금수 저랍니 다 그 대 가나 의금 수

- 저 -

천국보다 아름다운

임영웅 -천국보다 아름다운 OST-

4BOUT 작사
4BOUT 외 7명 작곡
임영웅 노래

흐릿 한 기억속에 남 아 있는건 따뜻

한 찰나의 우 리 차 - 가운 - 새벽

에도 - 피 어 - 나는 꽃 처럼 - 영

원 이란계절 속에 - 서 - 부 디 잊진 말 아 줘

요 잊혀 질 기억속 우 리가 나눴던

약 속 아름다 웠던 - 모 든 날 눈이부

시던 - 모 든 날 - - - 선명 히 보이는 The

rise, the fall - - - Lost and - Found

멈 춘 듯 이 또 흘 러 가는 꿈

속에 저계절 처 럼 잊었 던 - 나를 부르

는 기억 속의 - 목 - 소리 - 가 - 아름다

웠던 - 모 든 날 눈이부 시던 - 모 든

날 - - - 선명 히 보이는 The rise, the fall - -

14

기장갈매기

나훈아 작사
나훈아 작곡
나훈아 노래

동 쪽 에서 바라 보면 여섯개로보이 고 -

서 쪽 에서 쳐다 보면 다섯개로보이 는

오 륙 도 돌 고 돌 - 며 나래치는내가바로 -

내가바로 기장 갈 매 기다 - 사랑따윈 누 가 뭐 래도

믿 지 않 는다 - 이별따윈 상관없 다 떠나 든말 든

어차피사랑 이란 왔다가는파도처럼 - 가버리면 그만 인거

야 - - 오늘은 해 운 대 서 사랑 을 하고 -

내 일 은 영 도 에서 이별 을 하고 - 또 다 시 남 천 동의

밤을 꼬 신다 - 내가바로 기장 갈매 기다 -

내가바로 기장 갈매 기다 -

내청춘은 누 가 뭐 래도의 리 하 나다 - 빈주머닌 상 관 없 다

없 어 도 그만- 어 차 피 인 생 이 란 밀물처럼왔 다가-

썰물처럼 가버 리 는 것- - 오늘은다대포 에서

낙 조에취하 고- 내일은송도에서 일 출에잠 깨고-

내친김에 광 안 대 교도접 수 를 한다 - 내가바로 기장 갈 매

기다 - 내가바로 기장 갈 매 기다 -

내가바로 기장 갈 매 기다 - -

-

내 소중한 사람에게

미스터로또 박지현

유해준 작사
유해준 작곡
유해준 노래

그대가 그립 습니다 - 내 가 슴오직한사람 - 문

득 올려다본저 하늘에- 떠 가는작은 그리움 하나 언

제나삶-이 힘겨울때도 - 늘곁 에서함께한사람 - 그

한마디 전하지못 한말 - 그 대는나의 전부입니다 -

그 대가 없는빈 자리 - 지워 질수없-는그때그추억이 -

텅 빈내- 가슴을비 - 워도- 그대 하나만큼은비울수없 네요

언제나 그 -대를많이사   랑 해요 -   그대 나를있게 - 한사람

- 내 가슴엔-곁 에함께한   그 대와 - 늘 행복한꿈- - 을꾸어요

-

이세상

그대 뿐인 내가많이   사 랑 해요   -   바라 만 봐 도좋 - 은사 람

- 늘 그 때같-이 내그 대와   영 원 히 -   늘

사 랑 의 꿈- - 을 꾸 어요 -   늘 행복한꿈- - 을 꾸 어요

rit.

-

rit.

꽃길

화요일은 밤이 좋아 전유진

김순곤 작사
임강현 작곡
윤수현 노래

다시 - 돌아가라 하면 싫어요 난못가

요 비단 옷 꽃-길- 이라도 - 이제

다 시 사랑 안 해요 - 몰라 서 걸어온

그길 - 알고 는 다시 는못가 - 아 파

도 - 너무 나 -아--파- 사랑 은 - 또무 -슨 -
꽃 길

연모

미스터트롯3 손빈아

김병걸 작사
이동훈 작곡
박우철 노래

이도 저도 못 하면서 사랑 - 했--었 다

앞이 - 캄캄 안 보이 지만 -

당 - 신 -과 나 약속 -이나 - 한 듯

돌아가는 - -길을 지웠다 -

시간은 우 - 리 -편이 아니라 - 해 도

이제와 - 왔 -던 길을 　바꿀 - 수있나 -
이제와 - 가 -는 길을 　멈출 - 수있나 -

천 　번 - -이고 　만 - -번 - 이고

내마음 　-물어 　-보 -지 만

당 -신을 　떠나 - -서는 　나도없 -다고 -

뜨거운 - 　가 슴이 -말 　하 네
뜨거운 - 　눈 물이 -말 　하 네

D.S. al Coda

뜨거운 - 　가 슴이 -말 　하 네

제3한강교

미스터트롯3 천록담(이정)

길옥윤 작사
길옥윤 작곡
혜은이 노래

강물은흘러갑니 다 아- - 제 3한강교밑을 -

당신과나의꿈을 싣 고서   마음을싣 고 서

젊음은피어나는꽃 - 처럼 -   이밤을맴 돌다가 -

새처럼바람처럼 물 처럼   흘러만갑 니 다

어제 다시 만나서- 다 짐 을 하-고   우 리 들은 맹 세 를

24

하였습니-다   이밤이- 새 이며는 첫차를타-고

행복어린 거 리로 떠나갈거예요   오 오   오뚜릇뚜릇뚜

하   강물은흘러갑니다   아--

제   3 한강교밑을 -   바다로쉬지않고

바 다로-   흘러만갑 니 다

흘러만갑 니

D.S. al Coda

다   흘러만갑 니 - 다

연인

미스터트롯3 김용빈

김신우 작사
김신우 작곡
한승기 노래

다시 만날 수-있을까   이

밤   지- 나면   나 의-가슴에

이 별-을두고   떠나버 린-사람 아   이

젠 부르 지- 않으리- -   애 써   다짐 해

놓고 -   밤 이-새도록   그 대-생각에

눈을젖 - 는다   미운 사 - 람아 정

든사 - 람-아   어디 서무 얼- 하는지- -   보고

싶 - 어서   몸부림 - 쳐-도   만날 수없 는- 사람

아   내가   세상 에- 태어나   너

를 -만나사 랑- 한 것이 -   지금나 에- 겐

전 부 야-   다시돌 - 아 와

미운 와   다시나 에- 게

돌 아 와-   그언제 라 도-

감사

미스터트롯3 김용빈

김명호 작사
장욱조 작곡
나훈아 노래

바람만 스쳐 가도 - 아팠던 - 세월 - 추웠 -던 겨울 -은

- 가고 따스한 - 봄향 기로 - 소리없 -이 -

내 곁에다 - 가 - 왔네 밤하늘에 -달 빛 -마저

- 숨 죽이고 - 숨어울던 지 -난 세월 -속에 -

눈 - 물로얼룩 졌던 그 -세월에 - 슬픔을- 감 사

-하 리- 상 -처입은- - 그 사 -랑이 -

주름 진세 월 -이되고 - 구부- 러진

가지 끝-에서 - 새싹이 피 어 - 나듯 이-

아 -픔의 기억 들이 - 이제는 감 사 되어 - 노래 -하 -며

- - - - - 달래 - 네 -

그아 - 팠 던 - 추 -억 들이 - 아 픔의- 기 억

이 되고 - 엎 질 러 진 술 잔 - 사이로 -

후회마저 - 사 치 - 스 러운 가 슴에-묻 힌-슬픔

- 이제는- 감 -사되어 - 내 노- 래가 - - - - - -

되었 네 루루루 루 루 루

애인

미스터트롯3 김용빈

김동찬 작사
박현진 작곡
태진아 노래

사 랑해선 안 돼나요 정 이들면

안 돼나요 주고- 싶은사 랑 도 받고- 싶은그 정 도

우리- 들은 안 - - 돼나 요 이미엎 질 러진 - 물인

- 걸 - 이미- 깨진- 유리- 잔인 걸

30

이 - 제와 서　　어 - 떡 해요 -　이미 - 사랑 해 - 버린

걸　　　알 아 - 요 -　나도 - 알아요 -

맺　지 - 못한　다는 걸　　　조금만

시간 - 을 줘 요　　내가 - 돌아설 -　수있 게

조　금 만

시간 - 을 줘 요　　내가 - 돌아설 -　수있 게

여러분

현역가왕2 에녹

윤항기 작사
윤항기 작곡
윤복희 노래

내가만약 - 괴로울 때 면
내가만약 - 외로울 때 면

내가 위로해줄 께
내가 친구가될 께

네가만약 - 서러울 때 면 -
네가만약 - 기쁠때 면 -

내가 - 눈물되 리
내가 - 술이되 리

어 두운 밤 험한 길 걸을 때

내 가내가내가 너의 등불이 - 되 리

허   전하 고   쓸쓸 할   때   내

가   너 - 의   벗되 리라 -   나는너

의   영원한형제 야   -   나

는   너 - 의   친구 야   나는너

의   영원한노래 야   -   나는나는나는나는

너 - 의   기쁨이 야   -

D.S. al Coda

야   나는너

야   나는너 의 - - -

만약 내가 외로울때면 누가
나를 위로해주지? 여러분

이제 나만 믿어요

미스터트롯 임영웅

김이나 작사
조영수 작곡
임영웅 노래

그대가되어서 내게와준거 야   굳은비가오 게   이젠나만- -믿어-
-요 -   나의 마 - 지막   주인 공이되어 - 다신
누구앞 에서도그대는고개숙 이지마요 - -   내가 보 지못 했던   홀로
고단했던 시간   고 맙-고 미 안-해-요 - 사랑해
요 - 이세상- 은   우리를 두 고-오랜장 난-을했
고   우린속 지않은거 야   이제울 지마 요   좋을땐
밤 새-도록맘 껏-웃어 요   전부그대- -꺼니 까
그대는걱 정-말아 요 이젠나만- 믿 어 요 -

보금자리

임영웅 1집 - IM HERO -

박진복 작사
박상철 작곡
임영웅 노래

(당 신만 있 으 - 면 - - 돼 -)

그 대 - 사랑이 - 나였음 - 좋 겠 - 다 -

아무것 도 - - 필요 없 - - - 어 요

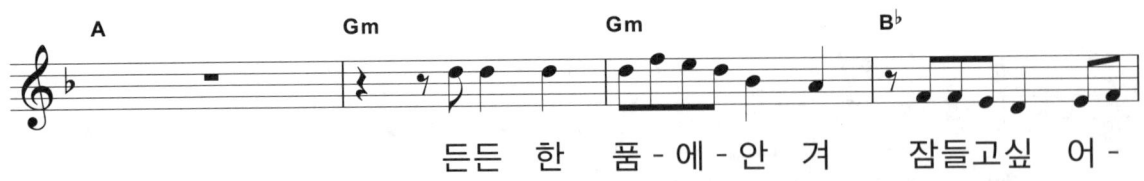

든든 한 품 - 에 - 안 겨 잠들고싶 어 -

라 내사 - 랑의 보 금 - 자 - - 리 -

아무것도 - 바라지않 - -아 - 요

당 신만있으면 - -돼 -　　　한눈팔지않 고 　-사랑 할 래요

- 　　　-　　　돈 도 필요없 어

백 도-필요없 어　　　당 　신만 　있 　으-면-

- 돼 - 　　　-　　　-　　　-

당 　신만 　있 　으-면- -돼 - 　-

목포행 완행열차

신유진 작사
임강현 작곡
장윤정 노래

보릿고개

미스터트롯 정동원

진 성 작사
김도일 작곡
진 성 노래

아야 뛰지마 라 　배-- 꺼질 -라 - 　가슴시린
아야 우지마 라

보릿고 - 갯 - 길 - 　주린 배잡 고 물한 바가 지

배 채우 시던 - 　그세월을 어 찌 -사셨 소

- 　초-- 근 -목 -피에 그 -- 시 -절-

바람-결에 지 워 -- 져갈 -때- 　어 -- 머

님 -설움 잊 고 -살았 -던 - 　한 많은 -- 보 릿 고 개여

Last time Rep.

- 　- 　풀 -피리 꺾 어불던 슬픈 -곡 조

는 　어머님의 한 숨 이었 소 -
어머님의 통 곡 이었 소 -

Last time Rep.

D.C.

사랑 참

미스트롯 홍자

신유진 작사
임강현 작곡
장윤정 노래

잡 힐 듯 잡 히지- 않

는　　　사 랑 이 너 무아 -쉬 워 - -

다 가 가면 -　　더 멀 어 지는 -　　사 랑 참 힘 드 네 -

요　　　보 일 듯 보 이지- 않 는 - -

사 랑 이 너 무아 -파 서 - -　　시 린 가슴 -

애 써 달 래도 -　　사 랑 참 힘 드 네 - 요

40

참을만- 해-요   괜 찮- -아-요   힘 들 면 좀 어 때 -

요- -   사 랑 을- 잃 은-   아 픔 보 다-

참 는 게 더 쉬 - 워   요 - -   들 리- -나 요   사 랑 아

- - -   내- 슬 픈- 사 랑 아 -   보 이- -나 요   사 랑 아

- - -   내- 아 픈- 사 랑 아 - - - - -

D.S. al Coda

-   사 랑 참 힘 드 네- 요

여백

미스터트롯 정동원

김종환 작사 · 작곡
정동원 노래

얼굴이잘 생긴 사 람은   늙 어가 는게 슬프겠지

아무리화려한옷 을 입어도   저녁 이면 벗게 되 니 까

내손에 주름이 있 는건   길고긴내인생에 훈장이고

마음에 주름이 있 는건   버리지못한욕심 의 흔 적

청춘은붉은색도 아   니고   사랑은 핑크빛도 아 니더라

마음에따라서 변 하는   욕심속물감의- 장 -난이지

그 게인생인거 야　　　전화기충 전은 잘하면서

내삶은충전하지 못하고사－네　　마음에 여백이 없 어서

인 생을 쫓기듯 그 렸 네

D.S.

그 렸　　네　　　마지막 남은나 의

인 생은　　－아름답게 －　－

피 우 리 － 라 －

테스형

나훈아 작사 • 작곡
나훈아 노래

16 Beat

어쩌다가 한바

탕   턱빠지게 웃는 다   그리 고는 아

픔을 -   그웃음에묻는 - 다 -   그저 와준 오

늘이 -   고 맙- 기는하 여도 -   죽어도 오고

마는 -   또내일이 두 렵다 -   아

테스형-   세상이 왜   이 래   왜   이렇게 힘
테스형-   아프다 세   상 이   눈   물많은 나

들어 -   아 테스형-   소크라 테   스형
에게 -   아 테스형-   소크라 테   스형

사랑은-또- 왜 이래- - - 너자신을 알 라며-
세월은-또- 왜 저래- - - 먼저가본 저 세상-

툭내뱉고 간 말을 - 내가어찌 알 겠소- 모르겠소 테
어떤가요 테 스형 - 가보니까 천 국은- 있던가요 테

스형- 울아버지 산소 에 제 비- 꽃이피
스형-

었다 - 들국화도 수줍 어 샛노랗게웃는 -다-

그저 피는 꽃 들이 - 예쁘기는 하 여도- 자주오지- 못

하는 - 날꾸짖는것만 -같다 아 아

D.S. al Coda

테스형- 아 테스형- 아 테스형-

아 테스형- 아 테스형- -

사랑아

임강현, 최승진 작사
임강현 작곡
장윤정 노래

안돼요안 돼날 - 두고떠 - 나면안 - 돼

그렇겐못 해난 - 절대보 - 낼순없 - 어

갈테면가 봐모 - 든걸잊 - 고떠나 - 봐

그 땐뒤-돌 아 -서 후 -회를할 -거야　　　　　희미 한

- 기 - 억 속에 너 -의이름불 -러도 -　　　다신

볼 수 없던 사 - 랑한 사람 -　　　아 -

사 랑아 -　　나를 두 -고떠나 가지 마　　나만 두 -고가려

거든 다 -신　나 를찾 지마 - - -　　아 - 아 -

언 젠가 -　　그대 나 -를찾는 다해 도 -　　그땐 내 -가먼저

뒤돌 아 -서 -　그 댈 볼 -수없 -으니

Fine　　　　　D.S.

독백

정동원 - 소품집 Vol.1 -

윤명선, 글라빙고(GLABINGO) 작사
윤명선 작곡
정동원 노래

사랑은잊 - 어도 돼　　언젠 가　떠날 테 니
그모습잊 - 어도 돼　　내곁 을　떠날 테 니

까　　이별도잊 - 어야 해　　사 랑
까　　그마음잊 - 어야 해　　이 별

이　미워　하니 까　　밤　이 - 오면 -
이　아플　테니 까　　밤　이 - 가면 -

밤　이 - 오면 -　어 디 - 에서 -　나는　울어야 - 하
밤　이 - 가면 -　어 디 - 에서 -　나는　울어야 - 하

나　　-　　외로울 땐 혼 자 걷 구요 -
나　　-

슬 퍼 지 면 혼 자 울-어 요   지친 저   꽃 처럼-   아픈

저 별 처럼-   오늘 도   나는혼자 - 울어 -요 -

도   나는혼 자 울어 요   워 - 지쳐버린저 꽃 처럼 -

아 파 하는저 - - 별 처럼 - - -   오늘 도   나는 -   오늘

도   나는 -   혼 자 서   혼 자 서 - 울어 -요 -   혼자

서   혼 자 서   울 어 요

어느 60대 노부부 이야기

미스터트롯 임영웅

김목경 작사 • 작곡
김광석 노래

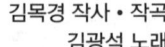

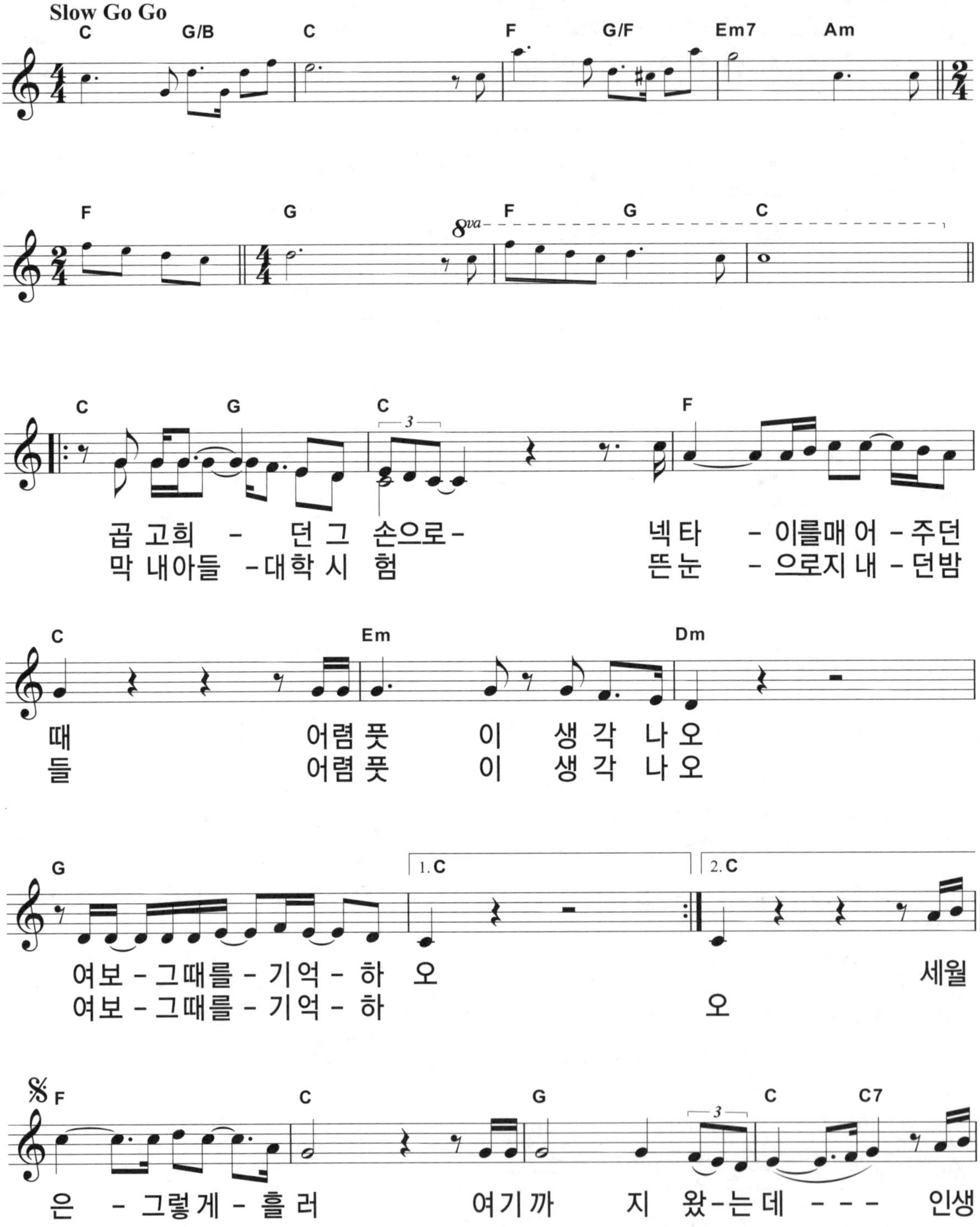

Slow Go Go
C G/B C F G/F Em7 Am
F G 8va F G C
C G C F
곱 고희 - 던그 손으로- 넥타 - 이를매어 - 주던
막 내아들 -대학시 험 뜬눈 - 으로지내 - 던밤
C Em Dm
때 어렴풋 이 생각 나오
들 어렴풋 이 생각 나오
G 1. C 2. C
여보 - 그때를 - 기억 - 하 오 세월
여보 - 그때를 - 기억 - 하 오
F C G C C7
은 - 그렇게 - 흘러 여기까 지 왔-는데 - - - 인생

은 - 그렇게 - 흘러　　　황 혼에 - 기우-는 데

큰딸아이 - 결혼식 날　　　흘리 던눈물 - 방울 이　　　이제
다시못올 - 그먼길 을　　　어 찌 혼자가 - 려하 오　　　여기

는　　모두 말 라　　여보 - 그눈물을 기억 - 하 오
날　　홀로 두 고　　여보 - 왜한마디 말이 - 없 소

세월이 - - 흘러감 에　　흰 머 리가늘 - 어가 네　　모두

다　　떠난다 고　　여보 - 내손을꼭 잡 았 소　　세월

D.S.

여보 - 안녕히 - 잘　- 가시 게

3번반복

Fine

51

사랑해요 그대를

임영웅 1집 – IM HERO –

설운도 작사 · 작곡
임영웅 노래

너 무나 고- 마운사람

- 너무나 따- 뜻한사 -람 - 한번도잊어본적

없는- 내 맘 속에 그-사람 - - - - 나그대생- 각만해도

- 가슴이뭉- 클해지 -고 - 그런당신내 곁에

있-어- 나 는행복한사람 - 그대는나- 만의사랑

- 그대는나만의 - 행 복 세 월 가도영- 원

히   당 - 신은나 만 의   사랑-   사 랑 해요 그-대를

-          사 랑 해요 그-대를 -   이 생명 다할

- 때 까지   당 - 신은- 내사 랑   사 랑 해요 그-대를

-          사 랑 해요 그-대를 -   이 생명 다할

- 때 까지   당 - 신은- 내사 랑

D.S. al Coda

당 - 신은- 내- 사 랑   -   -

연애편지

임영웅 1집 - IM HERO -

송봉주 작사
송봉주 작곡
임영웅 노래

노을에- 물든 -　저녁하- 늘이 -　오랜만- 에 참 좋은 -
외로이- 스쳐 -　창을흔- 드는 -　바람소- 리 쓸 쓸한 -

저녁입- 니다 -　문득떠- 오른 -　그대생- 각에 -
시간입- 니다 -　어둠만- 들고 -　초를태- 우며 -

나지막- 이 이름을 -　불러 봅 니다 -　나도몰- 래 꺼내본 -
나지막- 이 그대를 -　불러 봅 니다 -　나도몰- 래 꺼내본 -

낡 은 수 첩엔 -　그 대　가 너 무도- 많 - 아 -　차
낡 은 사 진엔 -　그 대　가 너 무도- 많 - 아 -　차

마　그 립 단 말 - 대-신 - 꽃잎 을 넣어- 보내
마　그 립 단 말 - 대-신 - 바라 본 밤하- 늘에

54

손이 참 곱던 그대

임영웅 1집 - IM HERO -

포레스코 외 3인 작사
포레스코 외 3인 작곡
임영웅 노래

손 이 참

곱 던그대 어 느 새이렇게- 내 맘깊 -숙이 스 며 들었나요- 나

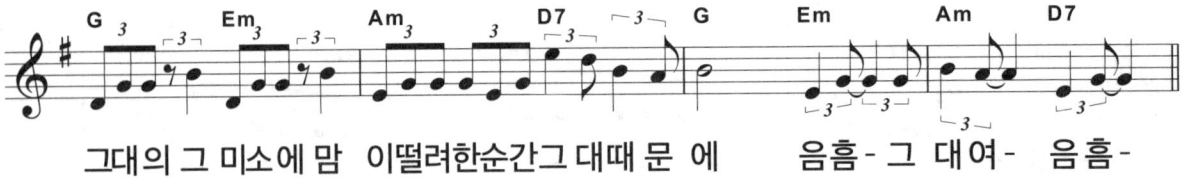

그대의 그 미소에 맘 이떨려한순간그 대때 문 에 음흠- 그 대여- 음흠-

날받 아 주 세요 나 그 대에게안길 게요 한순간에 일초만에당장
날받 아 준 다면 다 그 대에게바칠 게요 내하루의 일분일초까지

너에게달려갈게 저 붉 은태 양보 다 그 대만- 저 푸 른하 늘보 다
당신만생각할게

그 대만- 사랑 해 너무 사랑 해 세상 그무엇보다밝게 날비 -추

네 음흠 그 대여- 음흠-

네 음 흠 그대 여- 유 후- 저 지 는노 을보 다

그 대만-- 저 우주별 빛보다 그 대만- 사랑 해 너를 사랑 해 세상

그무엇보다밝게 날비 - 추 네 음 흠 그대 여- 음 흠-

손 이참 곱 던그대 내 맘

깊 -숙-이 나 그대의 그 미소에- 음흠-

아버지

임영웅 1집 - IM HERO -

우지민 작사
우지민 작곡
임영웅 노래

하얀

머 리 뽑아달라며 - 한 개 백원이라던 - 그시

절 다지나가 고 이- 젠 흰눈만남-았 네 그렇

게 도힘이드냐며 - 나 를 위로하시다 - 어느

새 잠들어-버 린 주름 만 남은내 아 버지 세상이

- 아무리힘들어 - 도 당신있 으면견딜것-같 아 오래

오래 - 날지키 -며 - - - 그냥곁 에만있어주세요 - - -

활 짝웃는모습이 - 어 린 애같-아 보 여도 - 아프다

- 말도못하는 - 사람- 이 제는내 가 지켜줄 게 어린

아이로 - 돌아가버 - 린 사랑하 는내 아버지

오 래 오 래 - 날지 키 -며 - - - 그냥 곁 에 만있 어 주 세요

- - - 활 짝웃는모습이 - 어 린 애같-아 보 여도

- 아프다 - 말도못하는 - 사람- 이 제는내 가 지켜줄

게 어 린아이로 - 돌 아가버 - 린 사랑하 는내 아 버

지 사 랑 해 요 내 아 버지

우리들의 블루스

임영웅 1집 - IM HERO -

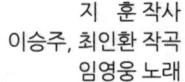

지 훈 작사
이승주, 최인환 작곡
임영웅 노래

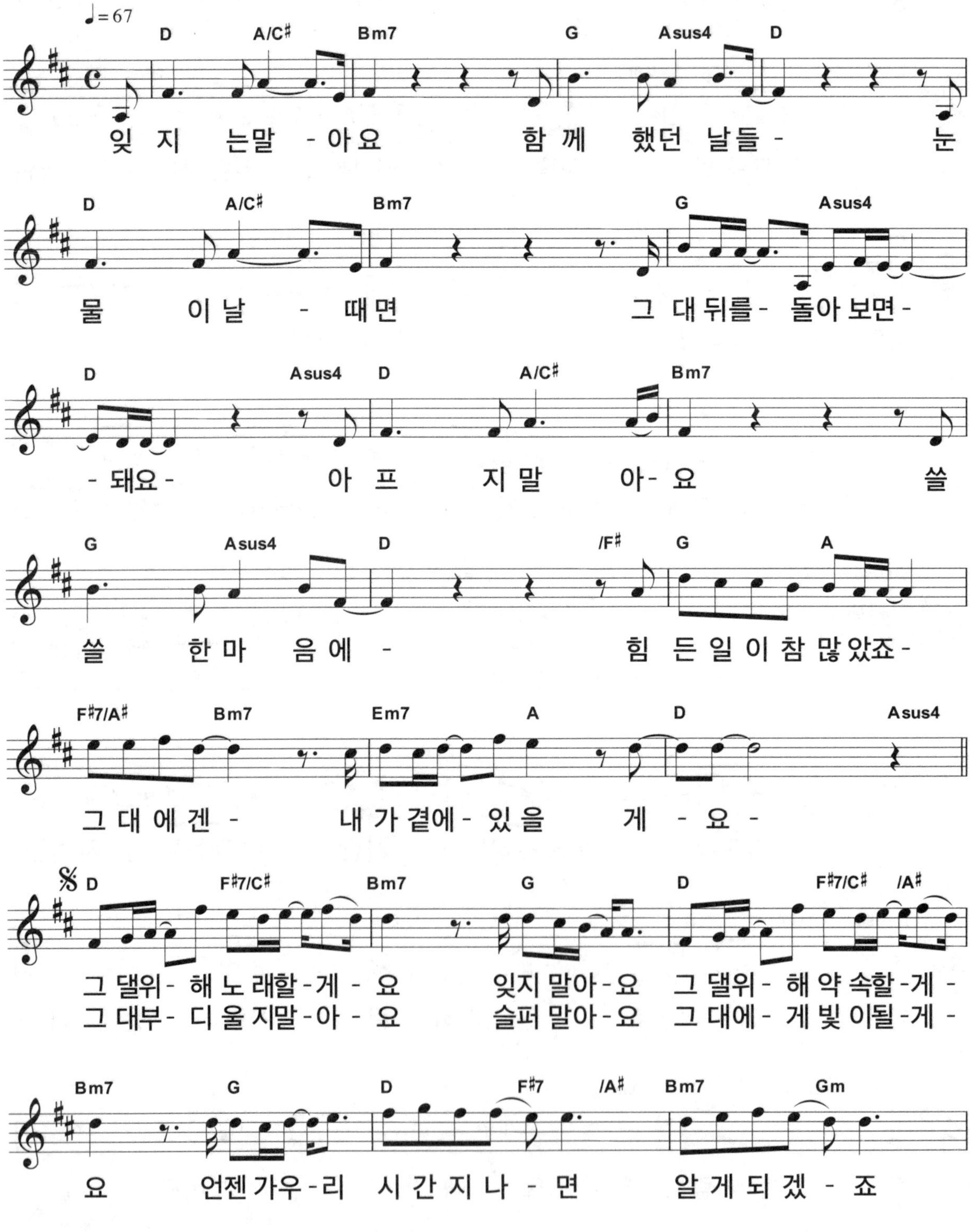

♩= 67
D A/C♯ Bm7 G Asus4 D
잊 지 는말 - 아 요 함 께 했던 날들 - 눈
D A/C♯ Bm7 G Asus4
물 이 날 - 때면 그 대 뒤를 - 돌아 보면 -
D Asus4 D A/C♯ Bm7
- 돼요 - 아 프 지 말 아 - 요 쓸
G Asus4 D /F♯ G A
쓸 한 마 음 에 - 힘 든 일 이 참 많 았죠 -
F♯7/A♯ Bm7 Em7 A D Asus4
그 대 에 겐 - 내 가 곁 에 - 있 을 게 - 요 -
D F♯7/C♯ Bm7 G D F♯7/C♯ /A♯
그 댈위 - 해 노 래할 - 게 - 요 잊지 말아 - 요 그 댈위 - 해 약 속할 - 게 -
그 대부 - 디 울 지말 - 아 - 요 슬퍼 말아 - 요 그 대에 - 게 빛 이될 - 게 -
Bm7 G D F♯7 /A♯ Bm7 Gm
요 언젠 가 우 - 리 시 간 지 나 - 면 알 게 되 겠 - 죠

61

인생찬가

임영웅 1집 - IM HERO -

윤명선 작사
해구, 윤명선 작곡
임영웅 노래

꿈 처럼- 지나 간 시--간 - 나는무얼찾고 싶 었-나-

지 도도없 이 걸어온삶을 후회-- 하-진 않 으 리

떠 난어제 는 떠날 오늘로 남겨지기-도 하 - 지

나의친구--여 나-의 형제여- 내이름불러 주 오 미안

하 다나의인생 아 앞만 보 며 살 아왔- 구- 나 찬란

한 순--간 이 여 영 원 -하 라

내 일은- 처음 가 는--길 - 언제나처럼또 - 두려 -워 -

버들강아지　　　활짝웃는날　　　후회 -하-지 않 으리

비가내리면　　　노래 -하리　　　눈이내려-도　좋 아

D.S. al Coda

라　　　　　　　　　　　　　　라 라 라　라 라 라 라

라　　　영원 한　순--간 이 여　-

찬　　　란　　하라 -

동백 아가씨

한산도 작사
백영호 작곡
이미자 노래

헤 일-
동 백-

수 없-이 수많 은 밤 을 내 가 슴 도려 내 는
꽃 잎-에 새겨 진 사 연 말 못 할 그사 연 을

아픔에 겨 워 얼 마-나 울었 던- 가
가슴에 안 고 오 늘- 도 기 다리- 는

동 백- 아 가 - - 씨 - 그 리-움 에
동 백- 아 가 - - 씨 - 가 신-님 은

지 쳐 서 울다-지 쳐 서 꽃 잎- 은 빨 갈 -
그 언 제 그어-느 날 에 외 로- 운 동 백 -

게 멍 이 들- 었- 소 -
꽃 찾 아 보- 려- 나 -

Fine   D.S.

숨어 우는 바람소리

김지평 작사
김민우 작곡
이정옥 노래

Slow Go Go

갈 대 밭 이보이는언 덕   통 나 무집 창가 에   길
나 는차 – 한잔 을   마 주 하고 앉으 면   그

떠 난소 – 녀같 이   하 얗 게밤을 새우 네   김이
사 람목 – 소린 가   숨어

2. 우 는바 람소 리   둘이서걷 던 갈대 밭길에 –

달 은지고 있는 데   잊는다하 고 무슨이유로

눈물이날 까 요   아 – 아 – – 길잃은 사슴 처럼 그리

움 이 돌아 오 면   쓸 – 쓸 한 갈 – 대숲 에   숨어

우 는바 – 람소 리   **8**   *rit.*   우 는바 람소 리

D.S.

히어로

임영웅 1집 - IM HERO -

손창학 작사
김시온, 멧돼지 작곡
임영웅 노래

세 상 이 란 장 애 물 이 - 너 의 - 앞 길 을

가 로 막 을 때 - 날 봐 - 언제나너 - 의곁엔내가있어 - 불안따윈

- 1도없을테니 - - 이렇게 al -ways- al -ways- 내가 너를지켜줄 게

- 나를믿고 가 오 - 오- - 오- - 오- - 거친세상 이지만 나를믿고

가 오 - 오- - 오 오 오- - 나와함 께라면 rea-dy togo -

창 밖으 로비쳐 오는

- 태양 - 시시각 각 바 뀌는구 름의 - 모양

- 공기를가 - 르며와닿-는 - 바람의향 -기가느껴-지니 -- 이렇게 al

-ways- al -ways- 내가 너를지켜줄- 테니 - 나를믿고 Let's go

go right a-way- right a-way--- When we go go go far a-way

- far a-way - 참 다행이-지나 -의- 옆이 너 -라-서

--- 내 어 깨 -에기 대 어 손 -을 -꼭-잡 고 같

이 어 -디-로-든-가- 자 나를믿고

가 오 - 오-- 오-- 오-- 거친세상 이지만 나를믿고 가 오 - 오-

- 오오오-- 나와함 께라면 rea-dy togo - far a-way-

D.S. al Coda

고리

조은희 작사
Always KOALA, Nubi 작곡
정동원 노래

- 요 -　　　　　　　　　　　　　　　　　　　간

절 할 수록 외 로 워지고　　　외 로울수록 간절 해지

는　　　텅 빈 내 마음-　　당신 아 니면-　　아

무 도 채 워줄- 수 없 어요 -　　우리 가　　만나운

명 인 가요-　운명이　라만 난건 가요 - - -　　아 픔

이　정녕사랑 인가요-　사랑 이　아픔 인- 가

-요 -　　시작 도　끝도없 는 고리로-　우리

는　　이 어 져있어- 요 -

남이가

현역가왕 전유진

김현진 작사
송광호 작곡
서지오 노래

우리는남이가　사랑이끝나버린 남이가

이제는남이가　사랑이식어버린 남이가

우리는남이가　사랑에울어버린 남이가

이제는남이가　다시는볼수없는 남이가　떠 나 는

사람아　너무나사랑했던 사람아　가 슴 이

70

모래 알갱이

임영웅, 김수형, 황선호 작사
임영웅, 김수형, 황선호 작곡
임영웅 노래

그바람 에 실려- 홀 연히 따라 걸 어 가 요 그

대 파 도 가 치-거든 - 저 파 도에- 홀 연히 흘 러가

--리 - 그 래 요 그대여 내 맘에- 언제

라 도 그런발 자국-을 내 -어줘요 그 렇 게 - 편한숨 을 쉬-듯이

- 언제든 내 곁에- 쉬 어 가 - 요

그

요 언제든 내 맘에- 쉬 어 가 - 요

하늘 여행

이찬원 – bright ; 燦 –

이찬원 작사
이찬원 작곡
이찬원 노래

내 손을 잡아 주세

요   우리 함께 이 길을 걸어- 요   이 세

상 떠나는 날 까지   우리 함께 이 길을 걸어-

요   수 없 이 맞 이 했 던- 이별의 순 간 들   하 고

또 해 도 아 픈 것 이 이별 인 것-을   내 이 별 의   그 순 간 도

두렵 겠 지-만 당 신을 위해   살 아 가 겠 소   꽃 이

피 고 꽃 이 지고 눈 내 리 고 눈 이 녹 고 행 복 한 - 세월이아 니 었
뜨 고 해 가 지고 비 가 오 고 비개 이 고 행 복 한 - 세월이아 니 었

74

나   지나온 그 세월을 - 돌이 켜보-면 즐거-
나   함께한 그 세월을 - 떠올 려보-면 황홀-

운   인생아 니었 나   따 스한 바람-이 우릴
한   인생아 니었 나   저 멀리 하늘-이 우릴

맞이 -하는 날 함께 하   늘여행 떠 나요   -
함께 -부를 때 우리

인생의황혼 길을 함께하면 서   인생의마지막을

함 께 하면 서 지 나 온   그세월을 뒤돌 아보-니 참으

로   행복 했었 다네   해 가 하 늘여행 떠

- 나요   -

니편이야

영탁 싱글 앨범 – 니편이야 –

영 탁, 지광민 작사
영 탁, 지광민 작곡
영 탁 노래

무슨말을할지몰라곤란할때 - 도 오 걱 정 은

하지마 난솔 직 한편이야 - 음 - - 어느길로갈지몰라헤매일때

- 도 오날 믿 고 따라와 난 항 상 니 편이야 - 음 - -

오매일내게기대 - 선 채 로잠을청해 - 도 괜 찮 아

- 괜 찮 아 - 오 내 일 눈을 뜰 때 - 우 린 또 멋 진 곳 에

- 닿 아 있 - 을 거 야 - 난 니 편이야

난 니 편이야 우리는인 연이야

니가어 디 에 있- - 든 네게무 슨 일 있-

청춘을 돌려다오

최치수 작사
신세영 작곡
나훈아 노래

청춘 - 을   돌려다 - - - 오

젊음 - 을 다 - - 오 -

흐르 는 - 내 인 - 생 - 에 애원 - 이 - 란 - 다

못 다 한 그 사랑 도   태산같 - - 은 데   가는세 월 -
지 나 간 그 옛날 이

막 을수는 없지않 느 - - 냐   청춘 - 아

내청 춘 - 아   어 딜 가 - 느 - - - -

16

냐 -   냐 -

Home

임영웅 더블 싱글 – 온기 –

임영웅, X-CHILD 작사
X-CHILD 작곡
임영웅 노래

쓸쓸한 - 거리에 - 외로움이더 쌓이고

사람도 이 밤도- 사랑 찾 아헤-매이- 네 그대

마 -음 이 - 허전 하 다 -면 - 밤하
마 -음 이 - 지쳐 있 다 -면 - 단하

늘 의 별을보며 - 날 떠올려요 - 난 곁 에있어 - 그 댄-
루 도 울지말고 - 날 떠올려요 - 난 곁 에있어 - 그 댄-

나 의 친 구야 - 　 비 오 는 - 날 우산 이되어 - 줘 해 가 -

뜨 는 날 에는 - 널 지켜줄게 - 　 - when I

go 　 shin - ing star - 　 and I 　 go 　 don't stop ba

- by 평 생 - 너 -와- 함 께 하 - 리 - 라 　 우 워 어

-

쓸쓸한 - 거 리 에 - 외 로 움 이더쌓

이고 　 사 람 도 이 밤 도- 사 랑 찾 아 헤 - 매 이네

다시 만날 수 있을까

임영웅 1집 - IM HERO -

이 적 작사
이 적 작곡
임영웅 노래

붙잡을- 마음- 이야- 없었

-겠냐-마-는- 그때난부 -끄 -   러 웠다 -   떳떳하- 게일- 어나 널다

- 시찾-아-갈-   뜨거운꿈 -만 -   꾸었   -다 -   둘이

함 께했- 던순- 간순-간이 -   시린 폭 포처- 럼쏟- 아지- 는날

- 그언- 젠가 -   우리만 날수 품 에안 - 고서- 하염없

이 -눈물 만   흘려- 볼까 -   그리운 마음이-   서럽게흘- -러넘쳐

- 너에게닿-을 때   우리만날수 품에안- 고서- 하염없

이 -눈물 만   흘려- 볼까

메밀꽃 필 무렵

이찬원 FIRST MINI ALBUM - 선물 -

불꽃남자 작사
고성진, PUNCH 작곡
이찬원 노래

내가 얼마나 - 　　외 롭게 했 는-지　　　꿈 에-한번 - 나오-질 -

않아 -　　　비내린 강 가 - 에　　　연 어-떼 처럼- - -

돌이킬 수 -없 는-내 사 랑- - -　　　　내가 얼 마- -나 힘

들 게 했 는 지　　　그 대 -울 던 -모 습-만 -　　남아 -

소란한 밤 사 - 이　　　별 - 똥 -별 처럼- - -　　내마음에 - 콕 박 -힌

당 - 신- -　　　새 끼 손 가 락 걸 고 영 원을약속했 - 던

내 사랑은 - 지금-어디 에   슬픈 초승 달이 기울-면   하얀

메밀꽃길 - 따라 서   그댈 찾아 떠나 - - 가겠-소 -

처음 가는세- 상   나- 길잃을지 -모르 - 니   그대가 꼭- 마중- 나와

- 주- - 오-

그대 떠나던 - 그 날의아침-은   귀 뚜-라미- 마저-   조-용해-

떠나는발 소-리   하 나-없었던- -   마지막 내당신- 의모 습- -   *D.S. al Coda*

그대가 꼭- 마중- 나와 -주-오   그대가꼭- 마중- -

나와 -주-오

무지개

임영웅 1집 - IM HERO -

멧돼지, 김시온 작사
멧돼지, 김시온 작곡
임영웅 노래

오늘 하루 어-땠 었 나요- 많이 힘들었-나요 - - -
힘껏 살다 보-니 무 뎌져- 헝클어진머-리도 - - -

쉬 지 않 고 달-려 왔 - 던 길-에 서- 나와 함 께 쉬 어 가
괜 찮 다 며 그-댈 안 - 아 줄-사 람- 바로 그 대 곁 에 있

-요 예 - 그냥 아 무런준비도 없이- 떠 나 볼-까 요- 평 범-
-죠 예 - 까만 선글라스하나챙 겨서-

해도 - 좋으 니까 - - - -우리 함 께 가 요 du du du-du du- 행복

가 득 담 은 배낭하나-메고 서 답 답 했 던 일 상 과 도심을-벗 어-나-

du du du-du du- du du-du 떠 나 볼-래요 -

니까 - - - - -우리

86

사랑역

임영웅 1집 - IM HERO -

박정란 작사
박용진 작곡
임영웅 노래

돌 고- 돌아 　 사 랑-역 　 다시한번내 - 렸 - 네
돌 고- 돌아 　 사 랑-역 　 다시한번내 - 렸 - 네

아픔만-두고 　 떠나 가는 　 저 기차는말이없는 - 데
상처만-두고 　 떠나 가는 　 저 기차는말이없는 - 데

이 리갈 까 - 저리갈까 　 몇번 을물어보아 도

돌아 온대답 은멀 -어지는 　 멀어지는기적소리 - 뿐 　 아-

아 - - 사랑 - 역   나 에 겐눈 - 물 - - 역 -

남 은 짐 - 구겨넣고   돌아서는내 - 모습

- 이 -   마 주 친대합 실 창 -너머로

쓸 쓸 히웃음짓는 - 다   아 - 아 - - 사랑 - 역   나

D.S. al Coda

에 겐눈 - 물 - - 역 -   -역 -   나

에 겐눈 - 물 - - 역 -   -

(사 랑 역)

신사답게

영탁 1st 앨범 - MMM -

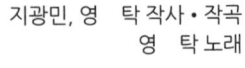

지광민, 영　탁 작사 • 작곡
영　탁 노래

Dm

살 랑 살 랑 춤 을 춰 봐
이 것 저 것 재 지 말 고

Dm　　　　　　**B♭**

신 사 답　게　　껄 렁 껄 렁 대 지 말 고 젠 틀 하　게
남 자 답　게　　왔 다 갔 다 하 지 말 고 뚝 심 있　게

Gm7　　　　　　　　　　**A7sus4**

입　가 에 언 제 나 점　잖 은 미 소　　어 디 서 나 I　got my
약　속 은 언 제 나 칼　같 이 지 켜　　La - dy 를 위 한 나 의

A7　　　　　**Dm**

at- ti- tude　Oh 남 녀 노 소 모 두 에 게 매 너 있　게
hand-ker-chief　Oh 남 녀 노 소 모 두 에 게 매 너 있　게

B♭　　　　　　　　　　　**Gm7**

잘 났 거 나 못 났 거 나 상 관 없 - 네 - -　　허 세 같 은 말 은 어 울

Gm7　　　　　　**A7sus4**　　　**A7**

리 지 않 는 남 자　　오 늘 도 난 길 을 나 서 네 -　　신 사 답

Dm　　　　　　　　　　**B♭**

게　 -　　Man-ners make-th man - - - -　-

90

멘 탈 이 외 모 라 면 나 는 Tom Har-dy 수 트 밑 에 감 춰 진 My

bod-y 신 사 답 게 - Man-ners make-th

man- - - - 언 제 나 변 함 없 는 Class-ic 의 가 치

이 시 대 의 멋 진 젊 은 이 신 사 답 게 - - - -

- 이 티 하 나 만 걸 쳐 도

태 가 나 는 남 자 얼 굴 보 단 실 - 력 이 핸 - 섬 한 남 자

어 제 보 단 오 늘 이 더 빛 - 나 는 남 자 편 하 지 만 쉽 지 않 은

남 자 신 사 답 이 신 사 답 게 -

D.S. al Coda

이불

지광민, 영 탁 작사 · 작곡
영 탁 노래

힘을 내세요

이찬원 FIRST MINI ALBUM - 선물 -

피터맨, 똘아이박 작사
똘아이박 작곡
이찬원 노래

(힘 을 내세요   힘을내세요   힘을내세 요) 오늘
(힘 을 내세요   힘을내세요   힘을내세 요) 힘이

따   라유난 히   힘이드- 나요   사 는게 어려 운- 가
들   땐술한잔   하면어- 때요   사 는게 별거 있- 나

요   복잡 하   게생각할   필요없 어요-   금방
요   한잔 하   면유난 히   보고싶 겠죠-   함께

지   나 갈거 니까요 -   돈 때문   에머리 가
울   고웃던 친구가 -   나 만빼   고모두 다

복잡 한- 가요   뜻 대 로 되지않- 나 요   그깟
잘 살아- 보여   너 무 나 부러 운- 가 요   하지

걱   정 도언젠 가   지 나 간대요-   툭툭 모   두다털어 버려요
만   다힘들었던   사 연 은있죠-   그리 부   러워 하지 말아요

-    인생이 다   거기서 거 긴- 거죠   그렇게걱정말- 아

요　　　　　살다 보 면-　　　　좋은 날 이- 와요

모두다힘을 내- 세 요　　　　　-　　　　힘을 내- 세요

힘을 내- 세 요　　　　　아 무 리 힘이 들- 어 도

언 젠 가 쨍 하 고　　　해뜰 날이 와요　　　오 늘 도 힘을 내- 세

요　　　　　*D.C.*　힘을 내- 세 요　　　　힘을 내- 세 요

아 무 리 힘이 들- 어 도　　　　　언 젠 가 쨍 하 고

해뜰 날이 와 요　　　오 늘 도힘을 내- 세 요- - - -

모 두 다 힘을 내- 세 요　　　（힘 을 내）

온기

임영웅 더블 싱글 - 온기 -

임영웅, 김이나 작사
임영웅, 김수형, 황선호 작곡
임영웅 노래

아무 도 모를거야 말 한 적없을테니 아이 처 럼울 - 고싶 은순 - 간 들 어른 이 란말 - 은참 그댈 힘 들게 하죠 - 더 외 롭게 만 들 어 힘겨 운 걸음으로 먼 길 을걸었는데 가고 싶 은곳 - 은어 - 디였 - 는 지 어둡 고 깊은 - 곳에 웅크 려 앉은 그댈 - 난 떠 나지 않겠 어 요 아무리

난　　곁에있　어　요－－－

혼자 - 인것 - 같 아－－－　　　그어둠속　 －에

단　한번 - 의용　기　　단한사람의온기　　그작은시작이돼 - 줄 - 수있

어　 －　 －　　　또다시 먼　　길 을떠 - 나

도　　　한번더 긴　　시 간이 가 도　　이길끝

에　떠오르는　태양을 만 날 - 때까지　　난 － 곁에있　겠 어

요　　　나 곁에있 어　　요

꿀맛

미스트롯 정미애

신유진 작사
임강현 작곡
정미애 노래

당신은 내 사랑

최송학 작사
김호남 작곡
남진 노래

(랄 라랄라   랄 라랄라차차차

랄 라랄라   랄 라랄라차차차   이리보고저리봐도 내 사 랑

오늘보고내일봐도 좋 아 요)

하늘 에 서
그대 향 기

맺어준 인 연   나는당 신 짝   이 − 되
가슴에 차 면

− 어   이 세 상 이   변한−다 해
외 로 울 땐   손잡−아 주

도   난   오직 당   신−뿐이 야
고   아   프면 감   싸−줄게 요

(난 - 오직당신뿐이 야) 두 — 마음　　하나－되어　　영－원 토
(아 - 프면감싸줄게 요) 두 — 마음　　하나－되어　　영－원 토

록　　애지중 지 사 랑합 니 다－－　－
록

이리보고저리봐도 내 사 랑　　오늘보고내일봐도 좋 아 요

아 －－－－ －　　아 －－－－ －

비가오나눈이오나　　당신만 을　　사랑 할 거－－ 야

－　 －－ －　　애지중 지　　사랑 합 니

－－－ 다 －　　(당신 은당신 은　　내 사랑)

맞짱

나훈아 작사 · 작곡
나훈아 노래

세월을－이길－장사 －　　　어디있 겠 소　　　어느누가 세월을 －
세월을－돈을－주고 －　　　살수있 다 면　　　누구라도 천년을 －

막을－수있 겠소 －　　　눈한번 －깜빡이면　　　벌 써이 만큼
사려－고않 겠소 －　　　새벽닭 －울어대면　　　또 하루 시작

돌아보면 벌 써 — 저만 큼
노을꽃피면 하 루 는 안 녕

아 사랑은 — 이제부 터 — 시 작 인 데 아
아 사랑은 — 끝나지 도 — 않았 는 데 아

청춘 도 아직은 시 퍼 런 — 데 —
청춘 도 아직은 펄 펄 한 — 데 —

— 아아아 세월아 — 맞—짱한 —번 —뜨고 싶 다—

아 — —아—웃 프 —다인— 생아 아 — —

세월아 — 맞—짱한 —번 —뜨고 싶 다— 아 — 아

—웃프다 —인 생아 — —

비바 라 비다

갓떼리C, 조영수 작사
이유진, 조영수 작곡
홍진영 노래

매일똑같은하루 하 루　의미 없 이또지나가네 –요–
오늘은이만좀쉴 게 요　그냥 신 나게즐겨볼래 –요–

내일또후회하긴 싫 어　그래 행복이별거겠 어 –
누가뭐라해도안 들 려　그래 행복이별거겠 어 –

야　이야　이 야　날따라와요 야　이야　이 야

손끝에스치는이 바 람　정말　세상을다가진기 분
코끝에스치는이 바 람　정말　세상을다가진기 분

눈 부 신태양보다 뜨겁 게 –　그깟눈물저 멀리 bye bye bye bye

빛 나 는별빛보다 환하 게 –　반짝이는내 인생 vi–va la vi–

da — — — — 라 라라라 – 라 라 라 라라라 – 라

라 라라 – 라라 오

라 라 라라 라 – 라 – da

오 늘 만 살 것 처럼

즐겨 봐 – 괜한걱정저 멀리 bye bye bye bye 마 지 막 인 것 처럼

사랑 해 – 아름다운내 인생 vi – va la vi – da – — —

라 라라 – 라라

– 라 라 라라 – 라라 라 라 라라 라 – 라

라 라 라라라 라 – 라 라라 라 – 라

눈 부신 태 – 양보다 빛 나는 별 – 빛보다

라

아 름다 운 – 내인 – 생 –

옆집 누나

강은경 작사
조영수 작곡
장윤정 노래

옆집누나랍니 다　　얼굴도마음씨도 착　한

알고보면정도 많　고　　귀여운여자랍니 다

1.울적 하　다면와요 집 –에놀러와요 라 –면끓여줄게 요
2.어디 아　프면와요 누 –나손은약손 내 –가호해줄게 요

–　　고 민　있 다면와요 소 –주한잔하 며 뭐 –든지다들어줄게
–　　외 로　울 때면와요 아 –무때나좋 아 내 –가곁에있어줄게

–　오 오　날 보러–와 요 –　　보고싶을 땐

오오 날 보러–와 요 –　누나가 생각날땐언제 든　생각날땐언제 든

옆집누나랍니 다   얼굴도마음씨도 착 한

알고보면정도 많 고   귀여운여자랍니 다

이쁜누나랍니 다   볼수록매력있는 여 자
착한누나랍니 다   영원히변치않을 여 자

성격하나끝내 주 는   옆집누나랍니 다
당신만을사랑 하 는

다 주고싶어 모 ㅡ두주고싶어 당 ㅡ신향한내마음 ㅡ   나 에게와요 오

ㅡ늘밤에와요 내 ㅡ가안아줄게 요 ㅡ   날 보러와요 날

ㅡ보러와요   날 보러보러보러 날 보러와요

당신의여자랍니 다   옆집누나랍니 다

107

전복 먹으러 갈래

영탁, 지광민 작사 · 작곡
영탁 노래

전 복먹으러갈 래――

서해안고속도로 타고　완 도앞바다로 －　나 랑같이가볼

래―― 슬 쩍기대도돼 －　내팔을어깨위에 두르고

저구름따라 －　지 금떠나볼래 －　어 느 새

바 닷바람 시 －원하게불어오잖 아　아 좋아

걱 정은마 오 －늘 은내가책임 진다－　진 짜야　너에게

좋 은것－만 주 － 고픈－맘－알 －까－　　전 복먹으러갈

래 –　　할일은내일로다 미루고　　이기분따라 –

훌 쩍떠나볼래 –　　가자　　조개 구이먹으러 갈

래 – –　　가까운오이도도 좋아　　까먹기번거로우면 –　　뭐

찜 –도괜찮 아– –　　아 님뭐든어때 –　　랍스타장어새우

대게 –　　둘이서간 –다면 –　　난어 –디든좋 아– –

어 느 새　　진짜로 좋 은것 –만 주 – 고픈 –맘 –알 –까 –

–　　소주도한잔할래 –　　안주가끝내주잖

–아–　　이거마 –시면우 –리 –　　사 –귀는거 다–

참 좋은 날

이찬원, 박종근, 오승은 작사 · 작곡
이찬원 노래

유난히– 힘이–들던– 날 꽃이되 어 별이되어 내게로 다가온당신

소리내–어울고–싶던– 날 운명처 럼 연인처럼 내게온 선물– 그대

없이– 나도없었 고 그대 있어– 나도있–네 –요–
없인– 숨쉴수없 고 그대 있어– 내가사–네 –요–

꿈을꾸– 듯그 대와– 걸어갈– 게요 하늘까– 지 저구름 까
평생토– 록그 대만– 지켜줄– 게요 해가되– 어 저달이 되

–지– 참 좋은날– 그어느날 우리만 난날– 또
–어–

시련이– 우릴막–을 지 –라도– 우리 밝게빛– 날그

––날에– 두손 꼭 잡고함–께 걸어갈– 게요 우

리 　 그렇 게약― 속해 ―

그대 리 　 그렇게약 　 속해―

수많은계절― 들이― 피 고또저― 물어―가도― 그 대만영―원―히― 내

사 랑인―걸 요 　 ― 　 　 ― 참 좋은날― 그어 느날―눈부

신 ―그―날에 ― 가 슴 아린― 슬픔은모―두 잊 어버―려요― 우

리 　 함 께웃― 을수 ― ― 있게― 그 대 손 절 대놓―치

지 않을―게요― 내 가 그댈 지킬― 게요 ―

참 　 좋은 날입― ― 니 다

18세 순이

미스터트롯 이찬원

나훈아 작사 · 작곡
나훈아 노래

살구 꽃이- 필때-면 돌아온다-던 내사랑- 순이-는

돌아올줄모-르고 - 서쪽 하 늘-문 틈-새 를 새어 드는

바람에- 떨-어진- 꽃 냄 새가 나를 울-리 네 -

가야 해- 가야 해- 나는 -가 야해 - 순 이

찾아 가야-해 - 가야 해- 가야 해-

나는 -가 야해 - 순 이 찾아 가야해 - 음--

누가 이런- 사 람-을 본 적있나 요 나 이는- 십팔세-

이름 은-순 이 나이는- 십팔 세- 이름 은-순 이

D.S.

거울도 안보는 여자

김동주 작사
김영광 작곡
태진아 노래

사랑찾아 - 헤매도는 - 쓸쓸한 여자 -
이거리를 - 지날때면 - 생각이 난다 -

오늘밤은 - 그어디서 - 외로-움을달 래나 - -
향기없는 - 꽃이지만 - 난 널-사랑하 나봐 - -

입가에머 문 미소는- 내마음흔 들고- 수수한너 의 옷차림-

나 - 는 좋아 - 거 울도-안보는여 자 거 울도-안보는여 자

외 로 운 여자 - 오늘밤나 하고

우 - - - - - - - 사 랑할 거 - - 나

D.C. al Fine

113

계단 말고 엘리베이터

미스터트롯 임영웅

박진복 작사
정성헌 작곡
임영웅 노래

114

더늦 기전 에 돌아 와-요   빨 리빨리오세 요--

사 랑아-   멀 어진 나의-사랑아

내님아-   보 고픈 나의-사람아   -

어 허야   내 가내가간다-   그리운내님곁 으로-   늦

-기 전에   더늦기전에   계 단말   고

엘리-베 이 터   계 단

말 고   엘리-베이 터

꼰대라떼

미스터트롯 영탁

홍정수, 김희진, 이재규 작사 • 작곡
영 탁 노래

(라 – 떼라떼야 꼰 – 대라떼야 제 – 발그만꼰대라떼)

제발 그만그만 그만해 – 오늘도시작되는 꼰 대 라 떼 –

아침에한잔 점 –심에세잔– 저녁엔열잔이나 마셨는데 –
아침에번쩍 점 –심에헤롱– 저녁엔내정신이 어딜갔나 –

뻔뻔하게– 뻔하게 반 복– 되는 하루가 – 지나간 – 다 –

왕년에내가 말 –하신다면– 오늘도시작이구 – 나 –

니까짓게 뭘알아 궁금하시면 – 라떼를한잔드세 요 –

라떼라떼라떼라떼 라떼는말이야 라 - 떼라떼라떼라떼 라떼는말이야

1,2. 아침부터 시 - 작 되 는 - 꼰 대 - 라 떼 -
(D.S.) 하루종일 계 - 속 되 는 -

라떼라떼라떼라떼 라떼는말이야 라 - 떼라떼라뗀말이 야 - - -

제발 그만그만 그만해 - 오늘도반복되는 꼰 대 라 떼

1.Cm

6

(이 - 제그만꼰대라떼)

2.Cm

D.S. al Coda

- -

리 필 은 됐 습 니 다 꼰 대 라 떼 -

117

남자는 말합니다

미스터트롯 장민호

윤명선 작사
양 주 작곡
장민호 노래

여행 갑 시 다 - 나의 여 자 여 - 하 나 뿐 인 - 나의 여

자 여 - 상 처 투 성 - 이 병 이 들 어 버 린 당 - 신 여행

가 서 - 낫 게 하 리 - - 다 - 나 란 - 사 람 하 나 만 믿 고 같

이 살 - 아 - 온 바 보 같 이 착 한 - 사 - 람 아

남 자 는 말 합 니 다 고 맙 구 - 요 감 사 해 요 오 - 직 나 만 - - 아 는 - 사 람

- 아 - -

안 아 봅 시 다 - 나의 여 자 여 - 하 나 뿐 인 - 나의 여

남자다잉

미스터트롯 이찬원 · 나태주

양인자 작사
차태일 작곡
남 진 노래

사-랑을보신일이 있 으 십 니 까 - -

어 디를찾아봐도 보이지 않아 - - -

희-망을보신일이 있 으 십 니 까 - -

있 다고하는말은 들 었 는데 -

안된다안된다하 고 - - 홍이야홍이야하 고 - -

그러거나말 거 나 견 디고버 - 티고

위 하 여 우리는살아있어 위 하 여

오늘도 살아 있어 위 하 여   크게 한 번

웃 는- 거야 -   바 - -람 이 불면-

떠 나 는 우리 -   세상을 향해 다시 또한 번-

끝 까 지 살아 내 야   남 자 다 잉- - -

다 잉- - -   끝 까 지 살 아 내

야 남 자 다 잉- - - -   -

남자라는 이유로

미스터트롯 장민호

김순곤 작사
임종수 작곡
조항조 노래

누구나 웃으면서세 상 을 살면서 도 　　말못할
처음인듯사 랑 을 하면서 도 　　쓰라린

사연 - 숨기고 - 살아 도 　　나역시 그런저런 슬픔을 간직하
이별 - 숨기고 - 있어 도 　　당신도 그런저런 과거가 있겠지

고 　　당신앞 에-멍 하니서 있 네
만 　　내 앞 에 서-미 소를짓 - 네

언제한번 가슴을열-고 　소리 내 어 　　소리-내어울어-볼날

이 　　　　　　　　　남 자 라 는 이 유 로 　묻어두고지 낸 　　그세

월 이 - 너무길었 어

저마다

언제한번그런날올까요 　가슴을열 고 　　소리-내어-울어울어볼

날 이 　　-　　　남 자 라 는 이 유 로 　묻어두고지 낸 　　그세

월 　이 - 너무길어 요

내 나이가 어때서

박무부 작사
정기수 작곡
오승근 노래

야   야 --야   내나이가어 때 서

사랑 에- 나이가있 나- 요

마 음은-하나- 요   느 낌도-하나- 요   - -

그대만이정 말- 내 사랑 인- 데   -

눈 물 이 - 나 네 - - 요　　　내 나 이 가 어 때 - 서

사 랑 - 하 기 　 딱 　 좋 은 - 나 인 - - 데 -

어 느 날 　 　 우 - - 연 히 - 　 거 울 속 에 비 쳐 - - 진

내 모 - 습 을 - 　 바 라 　 보 　 면 - 서 　 　 　 　 　 -

세 월 아 비 켜 - 라 - 　 - - - - 　 내 나 이 가 어 - 때 　 서

사 랑 - 하 기 - 　 딱 　 좋 은 - 나 인 - - 　 - 데 - 　 　 -

사 랑 - 하 기 - 　 딱 　 좋 은 - 나 인 　 - 데 - 　 　 -

내 마음 별과 같이

미스터트롯 이찬원

주일청 작사
박성훈, 임택수 작곡
현 철 노래

산노을 에 두 둥 --- 실   홀로 가는 저 구름 아
강바람 에 두 둥 --- 실   길을 잃은 저 구름 아

너는 알 리라 - 내 - 마음을   부평초 - 같은 마음 -- 을
너는 알 리라 - 내 - 갈길을   나그네 - 떠 나갈 길 -- 을

한송이 구름 꽃을 - 피우기 위해   떠도 는 유랑 별 처 럼
찬란한 젊은 꿈을 - 피우기 위해   떠도 는 몸이 라 지 만

내 마음 - 별 과같 이   저하늘 별이 되 어   영원 히 - 빛 나 - -

리
리

누가 울어

미스터트롯 정동원

전 우 작사
나규호 작곡
배 호 노래

소 리 없 이   흘 러 내 - 리 는   눈 물 같
하 염 없 이   흘 러 내 - 리 는   눈 물 같

은   이 슬 비   -   누 가 울 어 - -
은   이 슬 비   -   누 가 울 어 - -

이 한 - 밤   잊 었 던 추 억 인 - - - - 가   -
이 한 - 밤   잊 었 던 상 처 인 - - - - 가   -

멀   리 가 버 린   내 사 랑 은   돌   아
멀   리 떠 나 간   내 사 랑 은   기   약

올 - 길 -   없 는 데 피 - 가   -
조 - 차 -   없 는 데 애 - 가   -

맺 - 히 게 그 - 누 가 울 어 울 - 어 검 은   -
타 - 도 록 그 - 누 가 울 어 울 - 어 검 은   -

눈 을 적 시 나   -

D.C.

127

내 삶의 이유 있음은

김소엽 작사
장욱조, 장지연 작곡
이미자 노래

미스터트롯 영탁

네박자

미스터트롯 남승민

김동찬 작사
박현진 작곡
송대관 노래

니가 기쁠 – 때 내가 – 슬 플 때
나 – 그리울 때 너외 – 로 울 때

누구 나 부르 – 는 노 – 래 –
혼자 서 부르 – 는 노 래 –

내려보는 사람 도 위를보는사 람 도
내가잘난 사람 도 지가못난사 람 도

어차 피 – 쿵 짝이 라 – 네 –

쿵 짝 쿵 짝 쿵 짜짜쿵 짝 네박 – 자 속 – 에

사랑 도있 고 이별 도있 고 눈 물 도 있-네

한 구절 한 고 비   꺾 어 -넘을 때

우 -리네   사연 을 담 는   -

울고웃는인 생 사   연극같은세 상 사
울고웃는인 생 사   소설같은세 생 사

세상 사 모두 가 네 박 자 쿵 짝

쿵 짝 쿵 짝 쿵 짜짜쿵 짝   네박-자 속-에

D.S. al Coda

사랑 도있 고 이별 도있 고 눈 물 도 있-네

누나가 딱이야

미스터트롯 영탁

배은정, 이재규 작사
홍정수, 이재규 작곡
영　탁 노래

딱 이- 야 - 내품에 딱 이- 야 -   오 늘부터우린

자 기- 야 -   남 자 답- 게 -   책 임 질- 게 -

나 만믿고따라 와   누 나가 딱 이- 야 - 내눈에

딱 이- 야 -   오 늘부터우린 짝 이- 야 -   못

이긴- 척 - 안 겨줄- 래 - 내겐 딱   딱   누나가 딱 이야

-        -   -   누 나 가

짝이- 야 - 못 이긴- 척 -   안 겨줄- 래 - 내겐 딱   딱

넌 내 가 딱 이 야 -   -

니가 왜 거기서 나와

미스터트롯 영탁

구희상, 지광민, 박영탁 작사 · 작곡
영　탁 노래

근데　니가　　니가왜거기서나 와 － －　　니가왜거기서나

와 －　　　　사랑을믿었었는 데　　발등을찍혔 네 － －　　그래

너　그래너　야 너니가왜거기서나 와 － －

피곤하다하길래　잘자라했는데　혹시나아픈건가　걱정도했는데 －
노는남자싫다매　술은못한다매　그것땜에나는다　끊어버렸는데 －

뭐하는데　　여기서뭐하는데 － －　　도대체 － － －
지금넌왜　　혀가꼬이는건데 － －　　도대체 － － －

너네집은연신내　난지금강남에　시끄런클럽을　무심코지나는데
근데지금니옆에　이남잔누군데　교회오빠하고　클럽은왜왔는데

이게누구십니까 - - -
너네집불교잖아 - - -

니가왜거기서나 와 - - 니가왜거기서나 와 -

내눈을의심해보고 보고또보아도 딱봐도너야 - 오마이 너

야니가왜거기서나 와 - - 니가왜거기서나 와 -

사랑을믿었었는데 발등을찍혔네 - - 그래너 그래너 야

너이런건사랑이아냐 - - 냐 - - 그래

너 그래너 야 너니가왜거기서나 와 - -

135

단장의 미아리 고개

미스트롯 송가인

반야월 작사
이재호 작곡
이해연 노래

Trot

미 아 - - 리 - 눈 물 고 - 개
아 빠 - - 를 - 그 리 다 - 가

님 이 넘 던 이 별 고 - 개 -
어 린 것 은 잠 이 들 - 고 -

화 약 연 기 - 앞 을 - 가 - 려 눈 못 뜨 고 헤 매 일 - 때
동 지 섣 달 - 기 나 - 긴 - 밤 북 풍 한 설 몰 아 칠 - 때

당 신 - 은 철 사 줄 로 두 손 꽁 꽁 묶 인 채 - - 로
당 신 - 은 감 옥 살 이 그 얼 마 나 고 생 을 하 - 오

뒤 돌 아 보 - 고 또 돌 아 보 고 맨 발 로 절 며 - 절 며
십 년 이 가 - 고 백 년 이 가 도 살 아 만 돌 아 오 소

끌 려 가 신 이 고 개 - 여 한 많 - - 은
울 고 넘 던 이 고 개 - 여 한 많 - - 은

미 아 리 - 고 - 개 - 개 -

D.C.

돌아와요 부산항에

황선우 작사 · 작곡
조용필 노래

두 주먹

미스터트롯 임영웅

윤태지 작사
박현진 작곡
임영웅 노래

두 주먹 - 　　　두 주먹 -

짜짜라짜라짜라 두 주 먹을　내가내가 -　꼭 안고갈 게요

-　　　당 신 두 손을 -　　　내 - 밀 어 봐요

-　　내 사 랑을 당 - 신 손에 꼭 - 쥐어줄게-요 -

나 에게당 신은 -　　숨 -을쉬는공 기야 -　　내 가 매일

마 시는-　　소 중한물이-야 -　　　내가슴에집을짓고

사 – 는 당신 – 　오래도록내옆에있 – 어 – 주 세요

– 　함께가는길이 아 – 무리험 해도 –

내 가 당신 꼭 – 안고갈 게요 – 　진

–짜진짜사 랑이 – 무 엇–인 가를 – 당 신 손 에꼭

– 쥐어주고 싶 –어– 꼭 쥔 주 먹을 – 내

– 밀 어–봐요 – 두주 먹을 내가내가– 움 –켜쥐고갈게요

– 　－ 　　－ 두 주 먹을 내가내가–

D.S.

꼭 안고갈 게 – 요 두 주먹–

딱풀

미스터트롯 이찬원

Famous Bro 작사
HYMAX, 최정민, Famous Bro 작곡
이찬원 노래

붙어라 - (딱) 붙어라 - (딱) 붙어있어라 - 딱 딱 딱 딱

딱 붙 - 어있어 - - 라 -
세월 도 - - 인 - 생 도
사랑 도 - - 우 - 정 도

왔 다가는거야 -
왔 다가는거야 -
아 등 바등 살 필요없 어
허 전 하면 채 우면 되지 -

사랑 에 - 배 신당 한 당 신 이 라도 -
꽃피 는 - 봄 이가 고 추 운겨울 와도 -

걱 정 마라 지 나갈 테니 - 아 아 아 아아
걱 정 마라 지 나갈 테니 - 아 아 아 아아

- 외 로 워 마라 - 당 - 신 곁에 붙 - 어 있 을께
- 힘 겨 워 마라 - 당 - 신 곁에 붙 - 어 있 을께

- - 붙 어라 - (딱) 붙 어라 - (딱) 붙어있 어라
- -

- 내 마 음에 붙 - 을 붙 여라 - 붙 어라 - (딱)

붙 어라 - (딱) 붙 어 있 어라 -   딱 딱 딱 딱 딱 붙 - 어있어

- 라 -   D.C.   -

붙 어라 -   붙 어라 -   붙 어라 -   붙 어라 -

붙 어라 -   붙 어라 -   붙 어라 - -   붙 어라 - (딱)

붙 어라 - (딱) 붙 어 있 어라 -   내 마 - 음 에불 - 을 붙여라

-    붙 어라 - (딱) 붙 어라 - (딱) 붙 어 있 어라 -

딱 딱 딱 딱 딱 붙 - 어있어 -   딱 딱 딱 딱

딱 붙 - 어있어 - - 라 -

땡벌

나훈아 작사 · 작곡
강 진 노래

아 당 신 은 못믿을사 람 - -
아 당 신 은 야속한사 람 - -

아 당 신 은 철없는사 람 - -
아 당 신 은 모 - 를사 람 - -

아 - 무 리 달래- 봐도- 어 쩔순없 지만 -
밉 다 가 도돌아- 서면- 마 음에걸 리는 -

마 음하 나는 - 괜찮은사 람
마 음하 나는 - 따뜻한사 람

142

오늘 은들 국화 – 또 내 – 일은장 미꽃 –
바람 에맴 돌다 – 또 맴 – 돌다어 딘가 –

치근 치근 치근 대 – 다가 잠이들겠 지 –
기웃 기웃 기웃 대 – 다가 잠이들겠 지 –

난 이제지쳤어요 땡 벌 (땡 벌) 기다 리다지쳤 어요 땡 벌 (땡 벌)

혼자서는이밤이 너무너무추 워요 – – –

당 신은못말리는 땡 벌 (땡 벌) 당 신은날울리는 땡 벌 (땡 벌)

혼자서는이밤이 너무너무길 어요 – –

D.C.

당 신을사랑해요 땡 벌 (땡 벌) 당 신을좋아해요 땡 벌 (땡 벌)

밉 지만당 신을 너무 너무 사랑해 – –

143

막걸리 한 잔

미스터트롯 영탁

류선우 작사 · 작곡
강　진 노래

온 동 네 소문 났 던 천 덕 꾸러기 -　　막 내 아들 장 가 가던 날
아 장 아 장 아들 놈 이 어 느 새자라 -　　내 모 습을 닮 아 버렸네

-　앓 던 이가 빠 졌 다 며 덩 실 더덩실-
-　오 늘 따 라 아 버 지 가 보 고 싶어서-

춤 을 추던 우리 아 - 버 지 -　　아 버지 우리 - 아 들
그 날 처 럼 막걸 리 - 한 잔 -

많 이 - 컸지요 -　　인 물 은그 래 도내가 낫 지요 -

고 사 리손 으로따 라 -주는 막 걸 -리 한 잔 -　　아 버지 생 각 　나

144

따라주던 막걸리-한 잔   따라주던 막걸리-한 잔

D.C.

무시로

나훈아 작사 • 작곡
나훈아 노래

이 미-

와 버린 이별 인데 - 슬 퍼 도울지말아 요 이미
돌 아선 님이 라면 - 미 워 도미워말아 요 이미

때 늦은 이별 인데 - 미 련 은두지 말아요 - 눈
약 속된 이별 인데 - 아 무 말하지 말아요 -

물 을감추어요 눈 물을아껴요 - 이별보다 더아픈게 외로움인데 무시

로 무시 로 - - 그리 울 때그때 울어 요

요

146

무정 블루스

미스터트롯 김호중

박건호 작사
김영광 작곡
강승모 노래

이제는애원 해 도 소용 없 겠지 변해 버 린당신 이기 에
자꾸만바라 보 면 미워 지 겠지 믿어 왔 던당신 이기 에

내곁에있어달 라 말 도못 하고 떠나 야할 – 이마 음
쏟아져흐른눈 물 가 슴에 안고 돌아 서는 – 이발 길

추억 같은 불빛 들이 흐느 껴우는 –이밤 에
사랑 했던 기억 들이 갈길 을막아 –서지 만

상 처만남겨두고 떠나 갈길을 무엇 하러 – 왔던 가
추 억이아름답게 남아 있을때 미련 없이 – 가야 지

D.C.

147

무조건

미스터트롯 나태주

한 솔 작사
박현진 작곡
박상철 노래

짜라 짜라 짜 짜 - 짜 -   짜라짜라 짜 짜 - 짜 -

무조건 무조건이 야 - -   짜짜라 짜라짜짜 짠 짠 짠 내

- 가 필요할 땐 나 - 를 불러 줘 -   언 - 제 든지 달려 갈게 -   낮

- 에도좋아 밤 - - 에도 좋아   언 - 제든지 달려갈게 -   다

- 른사람들 이 나 - 를 부르면 -   한 -   참을 생 각해 보겠지만 -   당

- 신이나를 불 - 러준다 - 면   무 조건달려갈거 야 - -

짜짜라짜라짜라 짠 짠 짠 당 - 신을향한 나 - 의사랑은 무

- 조건무조건이 - 야 - 당 - 신을향한 나 - 의사랑은 특

- 급 사랑이야 - 태 - 평양을건너 대

- 서양을건너 인 - 도양을건너 서라 - 도 - 당 - 신이부르면

달려갈거 - 야 - 무조건 달려갈 - 거야 - - 짜짜라짜라짜라 짠 짠 짠

짠 짠 짠 당

D.S.

거야 - - - - 무조건무조건이

야 - - 짜 짜 라 짜 라 짜 라 짠 짠 짠

149

별빛 같은 나의 사랑아

미스터트롯 임영웅

설운도 작사 · 작곡
임영웅 노래

당 - 신이 얼마나 내게 - 소 - 중한 사람 인 지

세 - 월이 흐-르고 보니 - 이 - 제 알 것 - 같아 요

당 - 신이 얼마나 내게 - 필 - 요한 사람-인 지

세 - 월이지 -나고 보니 - 이 - 제 알 것 - 같아 요

밤 - 하늘 에 - 빛 - 나는   별 - 빛같은 - 나의 사 - 랑아 당

신   은 - 나 - 의   영 - 원   한 사 랑   사랑해

요   사랑해 요 - - -   날 믿 - 고따 - 라 - 준사 람   고

마 - 워요 행복합 니 - 다 -   왜 - 이 - 리눈 물 - 이나 요

요   왜 - 이 - 리눈 물 - 이 - 나 요

-

151

배신자

미스터트롯 임영웅

이인섭 작사
김광빈 작곡
도 성 노래

얄밉게떠 난 님 아
얄밉게떠 난 님 아

얄밉게떠 난-님 아
얄밉게떠 난-님 아

내 청춘 내 순정을　뺏어버--리고
내 청춘 내 행복을　짓밟아--놓고

얄밉게떠 난-님 아
얄밉게떠 난-님 아

더벅머리 사나이에　상처를주고
더벅머리 사나이에　상처를주고

너혼자미련없이 떠날수가있-을까 배신자 여　배신자 여　사랑의
너혼자미련없이 돌아서서가-는가 배신자 여　배신자 여　사랑의

배--신 자-여

D.S.

보라빛 엽서

미스터트롯 임영웅

김연일 작사
설운도 작곡
설운도 노래

보 -라빛 엽서 에   실 -려온 향-기 는

당 -신의   눈 물-인 가 이 -별의 마음인 가 -음-

한 -숨- 속에 -묻 힌   사 연-지워보 -려해 도

떠나- 버린   당신- 마음   붙잡-을수 -없 네

오 -늘도 -가버 린   당 -신의 -생각 에

눈 -물로써-내려 간   얼 -룩진일 -기 장 엔- 다시

못 -올- 그대모습   기 다 -리는 -사 연   다시

D.S.

153

부산 갈매기

김중순 작사 · 작곡
문성재 노래

지 금 은 그 어디 서 – 내 생 –
지 금 은 그 어디 서 – 내 모 –

각 잊었 는 가 – 꽃 처 럼 – 어여쁜 그이 름
습 잊었 는 가 – 꽃 처 럼 – 어여쁜 그이 름

도 – 고 왔 던 순 이 순이 야 –
도 – 고 왔 던 순 이 순이 야 –

파 도 치– 는 부 두 가– 에 지나 간일들이
그 리 움– 이 물 결 치– 면 오늘 도못잊어

가슴 에남았는 데 – 부 산 갈 매 기 부 산
네이 름부르는 데 – 부 산 갈 매 기 부 산

갈 매 기 너는정 녕 나 를 잊– 었– 나 –
갈 매 기 너는벌 써 나 를 잊– 었–

나 – 부 산 갈 매 기 부 산

갈 매 기 너는벌 써 나 를 잊– 었– 나 –

154

비 내리는 영동교

미스트롯 송가인

정은이 작사
남국인 작곡
주현미 노래

밤비내리는 영동교-를 홀로걷는이마 음 그사람-은
밤비내리는 영동교-를 헤매도는이마 음 그사람-은

모를거야- 모 르-실거 야 비에젖어- 슬픔에젖어
모를거야- 모 르-실거 야 비에젖어- 슬픔에젖어

눈물에 젖-어 하염없이- 걷고있 네 밤 비-내리는영-동
아픔에 젖-어 하염없이- 헤매이 네 밤 비-내리는영-동

교 잊어야지- 하면서 도 못잊는 것 은
교 생각말자- 하면서 도 생각하 는 건

미 련 미 련 미 련 때 문 인 가 봐 -

때 문인가 봐 -

155

사랑은 나비인가봐

박성훈 작사 · 작곡
현 철 노래

고요 - 한 내가슴- 에 나비처럼 날 -아 와 서 - 사랑 - 을 심어 놓- 고 나비처럼 날 아간-사- 람 - 내가 슴 에 지울수없 는 그리움 주 고간-사 람 - 그리운 내 사연을- 뜬구름아전해다 오 아 - 아 - 아- - - 아 - 사 랑 은- 얄 미운나비인 가 봐 -

D.C. al Fine

사랑은 눈물의 씨앗

미스터트롯 정동원

남국인 작사
김영광 작곡
나훈아 노래

사랑이　무어냐고　물으신 다 면　눈 물 의 씨 앗이라고
이 별 이　무어냐고　물으신 다 면　눈 물 의 씨 앗이라고

말하겠어요　먼 훗 날 당　신-이- 나　- 를　버
대 답 할 테 요　먼 훗 날 당　신-이- 나　- 를　버

리　지-않 겠 지 요　서 로 가 헤 어지 면
리　지-않 겠 지 요　서 로 가 헤 어지 면

모두가 괴로워 서 울 테　- 니 까--- 요

D.C.

사랑은 아무나 하나

이건우, 태진아 작사
작곡자 미상
태진아 노래

158

어느세-월-에　　　　너와내가 만 나

점　　하 - 나 를 -찍을- 까　　　　　-

사랑 은 아-무나하 나　　어느-누가　쉽 다고 했

나　　-　　-　　어느세-월-

에　　　너와내가 만 -나-　　점　　하-

나 를 -찍을- 까　　　-　　　사랑 은

아 - 무나하 나　　어 느 - 누가　쉽 다고 했

나

159

사랑의 트위스트

이수진 작사
설운도 작곡
설운도 노래

학창시절에 – 함 – 께추었던 – 잊 – 지 못할 샹 하이트위스트 –
그녀와함께 – 신 – 나게추던 – 잊 – 지 못할 샹 하이트위스트 –

나팔바지에 – 빵 집을누비던 – 추 억 속의 사 랑의트위스트 –
단발머리에 – 미 소가예뻤던 – 추 억 속의 사 랑의트위스트 –

샹하이샹하이샹하이 트위스트추면서 – 난생처음 그녀를알았 고

샹하이샹하이샹하이 트위스트춰면 서 – 온동 네를 주 름 잡았 던

사랑했던모든 사람들 – – 잊 지못할 추억의트위스트 –

160

사랑이 이런건가요

이수진 작사
설운도 작곡
설운도 노래

사랑이이런건-가 요　가 슴이떨-려 오-네요 -

나그대생-각하면은 -　자꾸만가-슴이뛰-네요 -

어쩌다이-렇게-멋 진　그 대를만-나게 됐-는지 -

아무리생-각해도난 -　행운의남- 자 인가봐 -

난이제 하루하-루가 -　그대있어너무 행복 해- -

그깊은사 랑에 빠져　도대체헤어나올수 가　없 어

사랑이이런 건-가요 -　가 슴이떨- 려 오-네요 -

Last time Rep.　Last time Rep.

나그대생-각하면은 -　자꾸만 가- 슴이 뛰-네요 -

D.S.

161

산다는 건

강은경 작사
조영수 작곡
홍진영 노래

산다는

건 다그 런거래 - 요   힘들 고   아픈 날도많 지만   산다는

건 참좋은거래 요   오늘 도 수고많 으셨 - 어 - 요

어 떻 게지내셨나 요   오늘 도 한 잔걸치셨네 - 요
옆 집 이부러운가 요   친구 가 요 즘잘나가나 - 요

뜻 대 로되는일없 - 어   한숨 이 나 도슬퍼마세 - 요   어느
남 들 은다좋아보 - 여   속상 해 져 도슬퍼마세 - 요   사람

구 름속 에 비가 -   들 었 는지누가알 - 아   살다
마 다알 고 보면 -   말 못 할사연도많 - 아   인생

보 면나--에 게도- 좋 은 날이온답니 - 다 산다는
이 별거--있 나요- 거 기 서거기인거 - 지

건 다그 런거래 - 요 1,2. 힘들 고 아픈 날도많 지만 산다는
3. 세상 일 이란 알수없 지만 산다는

건 참좋 은거래 요 오늘 도 수고많 으셨 - 어-요 라라
건 참멋 진거래 요 모두 가 내일도 힘내

- 라 - 라라 - - 라 -

- 어-요 산다는

D.S. al Coda

- 세-요 라라 - 라 - 라 - -

- - -

오늘 도 수고많 으셨 - 어-요

163

서울 가 살자

미스터트롯 장민호

임창정 작사 · 작곡
장민호 노래

그 이-불 솜 베게 다 버리-고 우리 이 제- 서-울 가서 살
그 다-짐과 처음 약 속들-고 우리 이 제- 서-울 가서 살

자 그대 야 가-말-한 -천번에 약 -속-은- 괜찮
자 그대 야 가-흘-린 -미안한 눈 -물-은- 괜찮

으니 - 서울 가 살 자 저 달이 건너가 - 먼저
으니 - 서울 가 살 자 별 빛이 뜨고도 - 해가

- 비춘 다니- 우리무슨어-떤-걱정- - 있 을 까요-- 그
- 있 - 다는- 그곳에서어-떤-행복- -기다 릴 까요-- 그

댈 -원망하 진않아요 - 이 젠- - - 그래서 또살--아 보는
댈 -원망하 진않아요 - 아 마- - - 내 가 더원--했 었 던

- 세월일건 데 - - -   미련없이버리 고서 - 울 가 살 자- - -
- 사랑일테 니 - - -

그대 도놓-지 말아 요   오

저 달 이   건 너가-   먼저 - 비 춘 다니-

우리무슨어- 떤-걱정- - 있 을 까요-   그 댈   원망하진 않 아요

- 이 젠- - -   그래서 또살- 아 보는 - 세월일건 데 - - -

미련없이버리 고서 - 울 가 살 자- - -   -

서울, 대전, 대구, 부산

서판석 작사
정의송 작곡
김혜연 노래

서울 대전 대구 부산 찍고   아하
개성 해주 청진 평양 찍고   아하

서울대전대구부산 찍고   아하   내 님은어디에 있나 서울에있나-
개성 해주청진평양 찍고   아하   내 님은어디에 있나 개성에있나-

대전에있나-   대구에있나-   부 산 에 있나--   (찍고)
해주에있나-   청진에있나-   평 양 에 있나--   (찍고)

나 홀 로 남겨두고-   어 데 로 갔나 -
남 북 이 가로막혀-   갈 수 가 없네 -

봄이오면-   돌아온다던   그 사 람 인 데
통일되면-   찾아온다던   그 사 람 인 데

아 무 리 기 다 려 도 - 소 식 도 없 어 -

그 리 움 에 - 눈 물 이 맺 혀 어 느 새 글 썽

그 님 을 만 나 러 - 서울대전대구부산 찾 아 봤 지 만
그 님 을 찾 으 러 - 개성해주청진평양 가 고 싶 지 만
그 님 을 만 나 러 - 서울 전주광주목포 찾 아 봤 지 만

아무데도간 곳 이 없 더 라 - 헛 수 고 - 더 라
아무데도갈 수 가 없 더 라 - 원 통 하 - 구 나
아무데도간 곳 이 없 더 라 - 헛 수 고 - 더 라

나 는 그 만 - 주 저 앉 아 - 울 고 말 았 네 - - -

D.S. al Coda

네 - - - 네 - - - - - -

D.S.S.

167

수은등

미스트롯 정미애

유수태 작사
김호남 작곡
김연자 노래

어스 름저 녁길-에 하 나-둘 수-은 등꽃 이피-면
어두 운밤 거리-에 하 나-둘 오-색 불깜 박거-리

그대 와단 둘이-서 거 - 닐-던 이 -
면 그대 의웃 음소-리 들려 올-듯 내 가

길 을서 성입-니 다 수 은 등은 은한-빛
슴 은설 레이- - 네 바람부 는이 거리-는

변함은- 없어도 당신 은변 했구 려 보이지-않-네 아 - -
변함이- 없건만 당신 은변 했구 려 보이지-않-네 아 - -

아 - - 수은등 불 빛아래 이 발길 은떠 날줄-몰 라
아 - - 오색불 깜 박이는 이 거리 를잊 으셨-구 려

D.C.

168

싫다 싫어

이호섭 작사
박성훈 작곡
현 철 노래

Disco Trot

당신

아 닌--다른사람 도   얼마 든 지많고많-은 데

왜하필당신만-을 사랑 하고 이렇 게 도애를태우 나
왜하필당신만-을 사랑 하고 괴로 움 에눈물흘리 나

2x time Rep.

싫 다싫어 - 꿈도사랑도   싫다싫어 생각을말 자
싫 다싫어 - 꿈도사랑도   싫다싫어 모 - 든것 이

당 신의거미줄에 묶인줄-도모르고   철없이보내버린 내가너-무미워서
세 가닥거미줄에 묶인줄-도모르고   철없이보내버린 내가너-무미워서

2x time Rep.

아 차해 도   뉘우쳐도   모두가 지난이-야- 기

D.C.

169

쌈바의 여인

이수진 작사
이영춘 작곡
설운도 노래

내마음을 사로잡는 그대- 쌈바춤을 추고있는 그대-
화려한 불빛- 음-악에 젖어- 사랑에 취해버린 그대-
사 랑사랑한다고 - 좋 아좋아한다고 -
눈빛하나로- 몸짓하나로- 내맘 사로 잡는밤 -
젖은머리결- 젖은눈동자- 내맘 사로 잡는밤 -
쌈 바쌈바쌈바 쌈바- 춤 을추고 있는 그대-
쌈 바쌈바쌈바 쌈바- 사 랑스런 나의 그대-
이 밤그대는- 불타오르는- 영 원한 나만의사랑

170

얄미운 사람

아모르 파티

이건우, 신철 작사
윤일상 작곡
김연자 노래

산다는 게 다그런 거지- 누구나 빈 손 으 로
인생이 란 붓을들 고서- 무엇을 그 려 야 할

와 소설같 은 한-편의얘 기 들 을 세 상 에뿌리며살
지 고민하 고 방-황하던 시 간 이 없 다 면거짓말이

지 자신에 게 실-망 하 지마- 모든걸 잘 할 순 없
지 말해뭐 해 쏜-화 살 처럼- 사랑도 지 나 갔 지

어 오늘보 다 더 나은내일 이 면 돼 인생-은지금- 이
만 그추억 들 눈 -이부시 면 서 도 슬펐-던행복- 이

야 - 아모 르파

티

아모 르파티

나 이 는 숫자 마음이 진짜 가슴이 뛰는 대로 가면

돼　　　이제는 더 이-상 슬픔이여 안녕-　왔다갈 한번-의인생- 아

- 연 애 는 필수　결혼은 선택　가슴이 뛰는-대로 하면

돼　　　눈물은 이별-의거품-일 뿐 -이야　다가올 사랑 두렵지 않

아 - - -　아모 르파 티

아모 르파 티

말해뭐 해　쏜-화 살 처럼-　사랑도

지 나 갔 지 만　그추억 들 눈-이부시 면 서 도

슬 펐-던 행 복-이 야　나 이 는　아모 르파 티

D.S.

Fine

안동역에서

김병걸 작사
최강산 작곡
진 성 노래

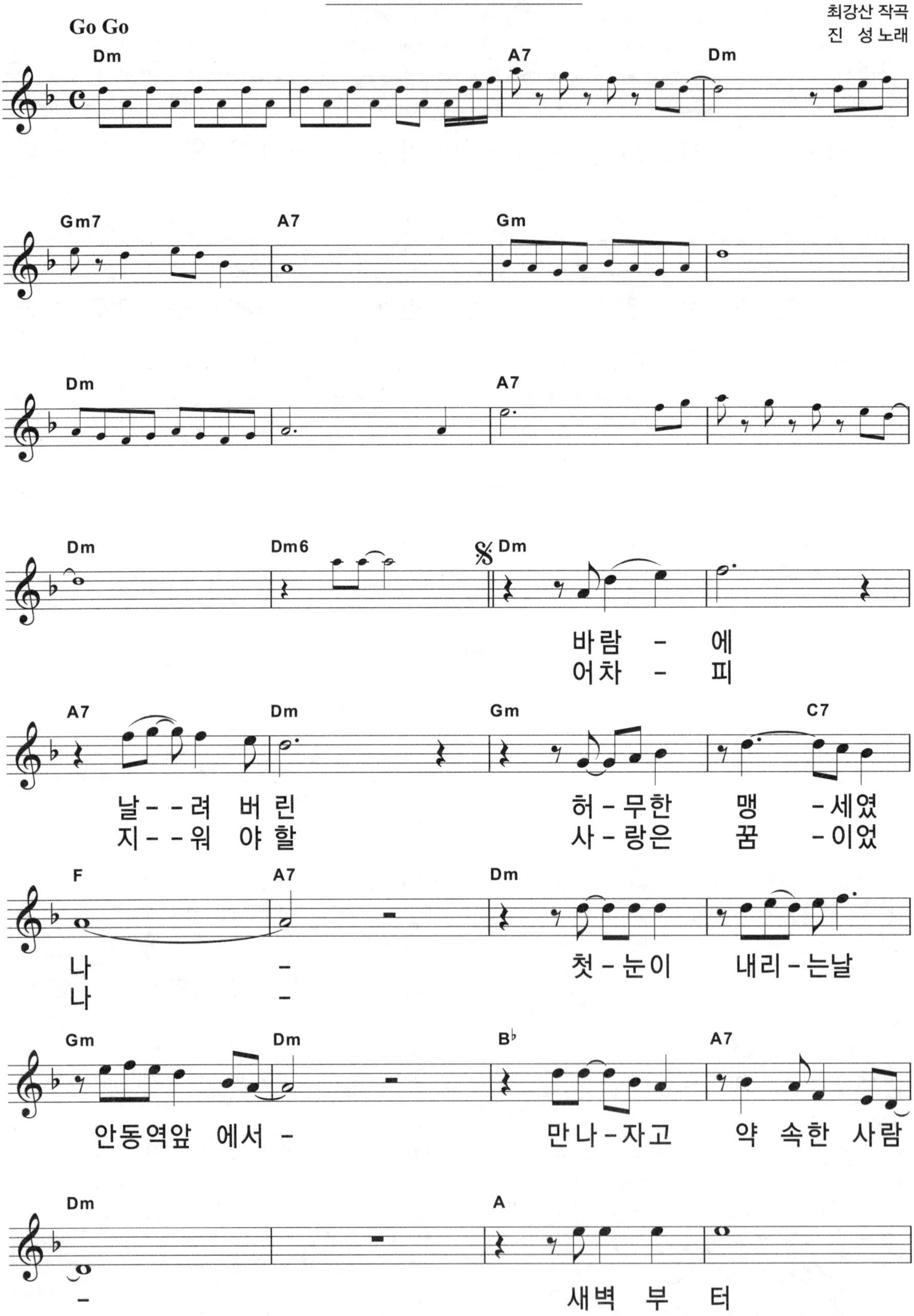

Go Go
Dm A7 Dm
Gm7 A7 Gm
Dm A7
Dm Dm6 Dm
바람 - 에
어차 - 피
A7 Dm Gm C7
날--려 버린 허-무한 맹 -세였
지--워 야할 사-랑은 꿈 -이었
F A7 Dm
나 - 첫-눈이 내리-는날
나 -
Gm Dm B♭ A7
안동역앞 에서 - 만나-자고 약 속한 사람
Dm A
- 새벽 부 터

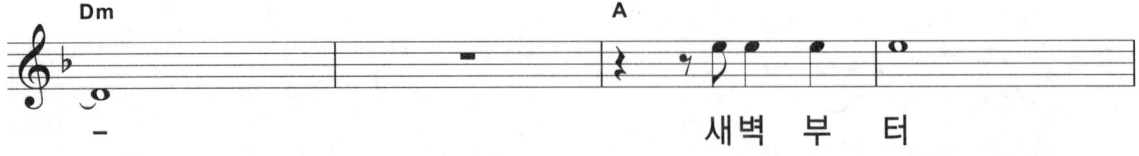

오는 눈 이　　　　무　룻 까 지 - 덮 는

데　　　-　　　안 오는 건지 -

못 오는 건지 -　　　오　지 않 는 - 사 람
　　　　　　　　　대　답 없 는 - 사 람

아　　-　　　안 타 - 까 운　내 마 음 만
아　　-　　　기 다 - 리 는　내 마 음 만

녹 고 - 녹 는 다　기 적 - 소 리　끊 어 - - 진 밤
녹 고 - 녹 는 다　밤 이 - 깊 은　안 동 - - 역 에

에　　-　　　서　-

기 다 - 리 는　　내 마 음 만　녹 고 - 녹 는 다

밤 이 - 깊 은　안 동 - 역 에 서　　　　-

엄마 아리랑

미스트롯 송가인

윤명선 작사 · 작곡
송가인 노래

엄 마아 리랑　　　아 － － 리 －랑　　　아리 아리 랑　　　아라 리 －요

아들 딸아 잘되거라　밤 낮으로 기도한다　엄마　　아 － － 리 － 랑
우리 엄마 무병장수　정 성으로 기원하오　엄마　　아 － － 리 － 랑

사　　　　랑하 는　　　　　내　　　　아 가야
사　　　　랑하 는　　　　　내　　　　어 머니

보 고 －싶다　　우 리 －아가　천 년만 년지 지않 는 꽃이피는구나
보 고 －싶소　　울 어 －머니　서 산마 루해 가지 고 달이뜨는구나

아　　　리 －랑　　　　　아　　　리 －랑

176

사랑 음   사랑 음   엄마 아 – –리 랑

아리 아리 랑   아라 리 – 요   쓰리쓰리랑   아라 리 –요

우리엄 마 –   사랑 은아 리랑   엄마 아 – –리 랑   랑

엄마 –   엄마 –   우리 – 어 머니 –

– 아 – – – – 리 – 랑

–   에 야 – – 디 야   에헤야디야디야   에야 – – 디야

에헤야디야디야   에 야 – – 디야   에헤야디야 디야   엄마 아 – – 리

랑

엄지척

최비룡 작사
최고야 작곡
홍진영 노래

척　　엄지엄지 척　　자상하고 다 정 – 다 – 감 – 해　　보면볼수

록　　알면알수 록　　매력 – 이　　넘쳐 – 요　　엄지엄지

척　　엄지엄지 척　　천생연분 내 사랑이 – 에 – 요　　그냥좋아

요　　왠지좋아 요　　엄 지척 –

9

D.S.

엄지엄지 척　　엄지엄지 척　　자상하고 다 정 – 다 – 감 –
척　　엄지엄지 척　　천생연분 내 사랑이 – 에 –

해　　보면볼수 록　　알면알수 록　　매력 – 이　　넘쳐 –
요　　그냥좋아 요　　왠지좋아

1.

2.

요　　엄지엄지 요　　엄 지척 –

사랑해요내 사 – 랑　　엄 지척 –

여기요

미스트롯 홍자

소유찬, 이단옆차기4,
REAL FANTASY, BULLSEYE 작사 · 작곡
홍 자 노래

여 기 요 - - 여기있어 요 - -

그대찾는 사 람 하나뿐인 사 람 여기있어 -요-

스 - 치는 바람 -처럼 지나쳐 가는 -
가 - 슴이 두근 -두근 어떻게 하죠 -

사랑에 힘 드셨 나요 - 세 - 월이
그댈보면 너 무떨 려요 - 사 - 랑의

흘러 -가도 변하지 않 는 그런 -사랑
열 -매가 - 열렸나 봐 요 어서 -빨리

찾으시-나요 - 여 기 요 - - 여기있어
가져가-세요 -

요 - -　　　　그대찾는 사 람 하나뿐인 사 람 여기있어 -요-

여 기 요 - -　　　여기있어 요 - -　　　진심어린

사 랑 하나뿐인 사 랑 여기있어 - 요-　　　　고 민할 필요

없어요 -　　당신을위한 사 람　　거 기저 기도 아니 에요

운 명같은 사 랑--　　　아　　　여 기 요 - -

여기있어 요 - -　　　그대찾는 사 람 하나뿐인 사 람 여기있어

-요-　　여 기 요 - -　　　여기있어 요 - -

진심어린 사 랑 하나뿐인 사 랑 여기있어 -요-

181

여자의 일생

미스터트롯 영탁

한산도 작사
백영호 작곡
이미자 노래

영영

미스터트롯 영탁

나훈아 작사 • 작곡
나훈아 노래

잊으라 – 했는 데　　잊어달라– 했는 데　　그런데도– 아직

난　　너를잊지못하 네　　어떻게 – 잊을 까
잊으라 – 했는 데

어찌하면– 좋을 까　　세월가도 아직 난　　너를잊지 못하
잊어달라– 했는 데　　그런데도 아직 난　　너를잊지 못하

네　　아직나는 – 너– 를　　사랑하고 있나 봐

아마나는 – 너– 를　　잊을수가　없나 봐

영원히　– 영 원히 –　　내가사는 날 까지 –

아니내 가 죽어 도　　영영못잊 –을 거야 –

D.S. al Coda

아니내가 죽어 도　　영영못잊 을거 야

183

오빠만 믿어

박진형, 윤 경 작사
박진형 작곡
박현빈 노래

오빠 한 번 믿 어 봐 -   너만 바라 보 리라 - - -

평 생 토 록 내 - 가 -   안 - 아 -   줄 - 게 -
오 빠 믿 어 -

니 마 -음   외 로울때   아 파 - 서   눈 물 날때

언 제 - 나 - 기 댈 -   넓 은   가 슴   줄 - 게 -

한 번 - 을   사 랑해도   천 번 - 을   사 랑해도

너 를 - 택 - 하 고 -   너 를 위해 살 - 리 -   오빠 믿어봐

옥경이

미스터트롯 사랑과 정열

조운파 작사
임종수 작곡
태진아 노래

희 미한 불빛아-래 -　　마 주 앉은당신
고 향을 물어보-고 -　　이 름 을물어봐

은　　언-젠 가　어-디 선 가
도　　잃어버 린　이-야 긴 가

본 듯 한 얼굴인 데　하지 않네 요
대 답

바 라 보 는 눈 길 이 - 젖어 있-구

나 - 너 도 나도모르 게 - 흘러 간

- 세-월아 - 어디서 무엇을하 며

어 떻 게 살았는 지 물어 도 대답없

이 고 개 숙인 옥 경 이 -

D.S. al Fine

186

울긴 왜 울어

미스터트롯 이찬원

나훈아 작사 • 작곡
나훈아 노래

울지 마 - 울긴-왜 울-어 고 까
울지 마 - 울긴-왜 울-어 고 까

짓 것 사 랑 때 문 에   빗 속 을 거 닐 - 며 추 억 일 랑
짓 것 미 련 때 문 에   흐 르 는 강 물 - 에 슬 픔 일 랑

씻 어 버 리 고   한 잔 술   로 잊 어 버 려 - 요
던 져 버 리 고   돌 아 서   서 웃 어 버 려 - 요

어 차 - 피   인 생 이 란   이 별 이 아   니 더
어 차 - 피   인 생 이 란   연 극 이 아   니 더

냐   울 지 마 - 울긴-왜 울-어 바 보

처   럼 - 울 긴 왜 - 울 - 어   어

187

울면서 후회하네

미스터트롯 임영웅 · 김수찬

안치행 작사 · 작곡
주현미 노래

순정을다바-쳐서 - 믿었던그-사 람 사랑의낙서만남기고떠나갔 네
이마음다바-쳐서 - 믿었던그-사 람 사랑의상처만남기고떠나갔 네

사랑 이이렇게도 - 괴로 운줄 왜 - 몰 - 랐을 까
슬픔 이이렇게도 - 아픈 것을 왜 - 몰 - 랐을 까

빼앗긴내마음을 찾을수도없으면서 울면 서후회 하 네
상처난내마음을 달랠수도없으면서 울면 서후회 하 네

아 - - - - - - 스쳐만지나갈걸 그냥그대로있을걸 - 당 신
아 - - - - - - 차라리스칠것을 쳐다 - 보지말것을 - 당 신

앞 에 머뭇거린 내가 미-워서 울 면-서 후회-하 네
앞 에 서성거린 내가 미-워서 울 면-서 후회-하 네

D.C.

188

일편단심 민들레야

미스터트롯 임영웅

이주현 작사
조용필 작곡
조용필 노래

님 주신밤에- 씨 - -뿌렸 네 - 사랑의 물 로
해 가-뜨면- 달 - -이 가 고 - 낙엽- 지 니

꽃 을-피 웠 네 - 처 음 만 나 맺은 마음
눈 보-라 치 네 - 기 다 리 고 기 다 리던

일 편 단 심 민들 레 야 그여름 - 어인광 - 풍 그여름 - 어인광
일 편 단 심 민들 레 야 가시밭길산을넘 - 고 가시밭길산을넘

풍 낙 엽 지 듯 가 - -시 었 네 -
고 강 을 건 너 찾 - -아 왔 소 -

행복했던장미인 생 비바람에꺾이니 - 나 는 한 떨기

- 슬 픈 민들레 야 긴 세월하루같이 하늘만 쳐다보니

그이의 목소리는 어디에서들을까 일편단심민들레 는 일편단심민들레

는 떠 나 지 않 - -으 리 라 -

D.C.

잃어버린 30년

미스터트롯 이찬원

박건호 작사
남국인 작곡
설운도 노래

비가오나- 눈이오나- 바람이부-나 그리웠던 삼십년세
내일일까- 모레일까- 기다린것-이 눈물맺힌 삼십년세

월 의지할곳없 는이몸 서러워하며 그얼
월 고향잃은이 신세를 서러워하며 그얼

마 나-울었던가-요 우리형제 이제라도
마 나-울었던가-요 우리남매 이제라도

다시만나-서 못다한 정나누는-데 어머님 아버님

그어디에계십니까 목메이 게- 불러봅니--다

Fine

D.S.

진정인가요

미스트롯 송가인 · 김소유

정 욱 작사
정풍송 작곡
김연자 노래

미련없 다 그 말 이 진정인 가 요
잊어달 라 그 말 이 진정인 가 요

냉정했 던 그 마음-이 진정인 가 요
돌아서 던 그 마음-이 진정인 가 요

바닷가 를 거 --닐-며 수놓았 던 그 --추 억
오솔길 을 거 --닐-며 주고받 던 그 --사 랑

잊을-수가 있을 까---요 -
잊을-수가 있을 까---요 -

돌아-설때 눈물 짓 던 당신이-라---면-
돌아-설때 울음 참 던 당신이-라---면-

영 원-토 록-- 영 원토 록
잊 으-려 도-- 잊 으려 도

죽어 도 못-잊을-겁 니-다- -

D.C.

진또배기

미스터트롯 이찬원

김학진 작사
송 결 작곡
이성우 노래

어 촌 마을 - 어귀 에서서 - 마을 의평안함을 기원하는 -
배 띄 워라 - 노를 저어라 - 파도 가노래한다 춤을춘다 -

진또배기 - 진또 배기 - 진 또배 - 기 -

오 리 세마 리 솟대 에앉아 - 물 불 - 바 - 람을 막아주는 -

진또배기 - 진또배기 - 진 또배 - 기 -

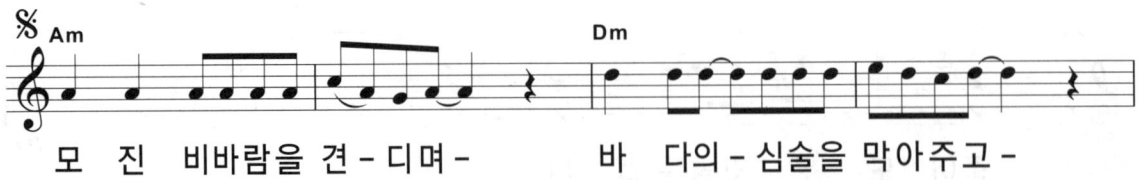

모 진 비바람을 견 - 디며 - 바 다의 - 심술을 막아주고 -

짠짜라

정 인 작사
임강현 작곡
장윤정 노래

짠 짠 짠　　　　　　　짜 라 라 짜짜짜

잘 - 가　요 안녕 내 사 랑　짠짠짠

반짝 반짝　반짝 이는　밤하늘의 별을 보 며 짜 라 라 짜짜짜
깜빡 깜빡　깜빡 이는　네온사인 불빛 아 래 짜 라 라 짜짜짜

우리 사랑　변치말자던 그 - 약　속잊으셨나 요 짠 짠
약속 시간　지나갔어도 내 - 님　은오질않네 요 짠 짠

날 갖고　장난쳤나요　사랑이 그런 건가 요

194

이 리 저 리로왔 다   요 리 조 리로갔 다   아 직 도 헷 갈 리 나

요--   짠 짠 짠-- 하게 하지 말아요

말없 이 그냥 가세 요   짜 라 라 짜 짜 짜 짠 짠 짠-- 이제

울 지 않아요 잘 - 가   요안녕내사 랑 짠 짠

랑 짠 짠 잘- 가   요안녕내사 랑 짠 짠

짜 라 라짜 짜 짜

잘 - 가   요안녕내사 랑 짠짠짠

찍어

미스트롯 송가인

김현아, 조영수 작사
이유진, 조영수 작곡
송가인 노래

내 마음을 뺏어– 간그 대   나의 사랑모두가져간그 – 대
인생이란 길고– 긴여 행   앞이 막막하고한숨이날 – 때

무 뚝뚝 – –해도 매력적이– 야   끌리네더 – –끌리 네
내 일거 – –정은 내일해도– 돼   오늘을더 – –즐겨 봐

사랑이란얄미운장 난   열번 찍어봐도 안 되– 면
남들은잘나가보여 도   걱정 없는사 람 없 단– 다

백 번천 – –번더 다가가볼래   마지– 막 인것–처 럼– –   아
단 한번 – –사는 인생이잖아   마음–이가는대–로 해– –   아

아 – – – –   이세상에 못할게뭐 야

금도끼로찍– 어   은도끼로찍 – 어   내사전에포기는없 어

오   난될때 까지 찍어–

난될때까지 찍어-

사 랑 도 인 생- 도   내가 만 들 어-갈 래 -

후회없도록   미련없도록   하나뿐인내인 생   -

아름다운 내 - - -사 랑- -   반짝 이는내인생이- 여-

-      금도끼로찍 - 어   은도끼로찍 - 어   내사전에포기는없

어   오   난될때까지 찍어-

난될때까지 찍어-

197

찬찬찬

김병걸 작사
이호섭 작곡
편승엽 노래

천상재회

미스터트롯 김호중

김정욱 작사 · 작곡
최진희 노래

Slow

그대는 - 　　　오늘밤 도　　　내게올 - 순없겠
- 　　　이야기 는　　　눈물 이 - 되겠지

지　　목메여 -　　　애타게 불 러도-　　대답없는그 대
요　　나만을 -　　　사랑했 다 는- 말

여-- 못다한　바람결에-남았어 요　　　끊을 수없는 -　그대와

나의인연은- 　　　운명 이라-생각했 죠　　　가슴 에묻은 - 추억의

작은조각들- 되돌아 - 회상하-면 서　　　천상에 - 서다시만나

면　　그대 - 를다시만- 나 면--- 세상에 - 서못다했던

그사랑을- 　　영원 히 -함께할래 -요 -

끊을 -요- 　세상에 -요 -

D.S.　　　　*D.S.S.*　　　　　　　　　　　　*Fine*

199

첫사랑

이인혜 작사
정의송 작곡
장윤정 노래

그대를 처음 본 - 순 - 간 - 내 가슴 너무 - 떨 - 렸어요 -

그때 이미 - - 예감했 죠 사랑에 - 빠 - 질 - 것 을

그대의 몸 - 짓 그대의 미소 다정스런 그 - 대 목 소 리

나어떡해 - 요 숨이멎을것같 - 아 - 그대에게 빠져버렸 어요 하루

온 종 - 일 그대 생각 뿐 - 이죠 - 내일 역 시 - 도 그리 보낼 거 - 예요 -

손내밀어 잡아주세요 - 이런 내 사 랑받 - 아 주세요 -

8

D.S.

- 이런 내 사 랑받 - 아 주세요 -

초혼

김순곤 작사
임강현 작곡
장윤정 노래

살아

서 는갖지 못 하 는- 그런 이 름하나때문 에 그리운

맘 눈물속 에--- 난- 띄 워보낼뿐이- 죠

스치듯보낼 사람 이 어- 쩌 다 내게들어 와 장미-

의 가시로 남아서- 날- 아 프게지켜보내- 요 따라

가 면만날 수 있나- 멀- 고 먼세상끝까 지 그대라

면 어디라 도--- 난- 그 저행복할테- 니

D.S. al Coda

니 난- 너 무행복할테- 니

태클을 걸지마

미스터트롯 김호중

진 성 작사
진성철 작곡
진 성 노래

어 떻 게 살았 냐고 묻 지 를 마라 –   이리저리 – 살았 을거라

착 각 도 마라 –   그래한 때 삶 의 무게 견 – 디 지못 해–

긴 긴 세월 방황 속에 청 춘을묻 었다 – 어 허 허   어허 허

속 절 없 는 세월 –   탓 해서무얼해 –   되돌릴수없 는 인 생인– 것

을   지금 부 터 뛰어   앞 만 보 고 뛰어

내인 생 에태 클을걸 지마 –   내인 생 에 태 클을걸 지마 –

D.C.

한 많은 대동강

미스트롯 송가인

야인초 작사
한복남 작곡
손인호 노래

편의점

미스터트롯 이찬원

사마천 작사
홍진영 작곡
이찬원 노래

오늘 하-루- 길었 다- 퇴근길이고 되구 - 나-

맥주 한--캔 생-각난다 편의점에 들--러야 -지-
소주 한--잔 생-각난다 편의점에 들--러야 -지-

밤 새환한-불빛 꺼지지않- 는 날 반기는 저간 - 판-

술이나 - 한잔 하고자야 - 지 오늘도 고생많았 - 다 -

삼 각김밥 라면하나 - 사는게 다그런거 - 지 -

홀로가는내인생 위로 하 - 네 우리동 네 - 편의 - 점 -

사랑 땜 - 에 - 외롭 고 - 돈 때문에 힘이들 - 때

삼 각김밥 라면하나 - 사는게다그런거 지 - -

홀로가는내인생 위로 하네 - 우리동 네 - 편의 - 점 -

홀로가는내인생 위로 하 - 네 우리동네 - 편의 - 점 -

-

한잔해

바비문, 위더베스트 작사 · 작곡
박 군 노래

한 잔해한 잔해 한 잔해-　갈 - 때까지달려보자 한 잔해-

오 늘밤-　　너와내가 -　　하 나 되 어　달려달려달려달려

한 잔해한 잔해 한 잔해-　갈 - 때까지달려보자 한 잔해- 내-

가　　쏜 다　　한 잔 해---　-

월 요 일은-　원 래 먹-는날 - 먹는- 날　　먹는- 날
삼 겹 살에-　한 잔 때-리자 - 때리- 자　　때리- 자

화 요 일은-　화 가 나-니까 - 화가- 나　흥 흥 흥 흥
치 킨 에다-　한 잔 때-리자 - 때리- 자　때 찌 때 찌

206

숙 취에한잔　　목이말라한잔　　금요일은불 금 이니 까- 밤
두 부-김치　　해 -물 -파전　　시 -원한한 잔 주세 요- 밤

새 도 록 한 잔 　 어 때 요- - - 　 　 좋아좋아너무좋아
새 도 록 한 잔 　 어 때 요- - -

한 잔해한 잔해 한 잔해- 　 갈 - 때까지달려보자 한 잔해-

오 늘밤 - 　 너와내가 - 　 하 나 되 어 　 달려달려달려달려

한 잔해두 잔해 세 잔해- 　 갈 - 때까지달려보자 한 잔해- 내-

가 　 쏜 다 한 잔 해- - - 　 마 셔마 셔 마 셔마 셔

16

D.S. al Coda

해- - - 　 한잔해

207

뉴 히트송·트로트 ①

발행일 2025년 9월 5일

발행인 남 용

편저자 일신음악연구회

발행처 일신서적출판사

주 소 서울시 마포구 독막로 31길 7

등 록 1969년 9월 12일 (No. 10-70)

전 화 (02) 703-3001~5 (영업부)

        (02) 703-3006~8 (편집부)

F A X (02) 703-3009

I S B N 978-89-366-2912-0 (93670)

이 책에 수록된 곡들은 저작권료를 지급한 후에 제작, 출판하였으나 일부의 곡은 저작자 또는 저작권 대리권자에 대한 부분을 여러 매체나 기관을 통해 알아보려고 노력하였으나, 해당곡에 대한 저작자 및 저작권 대리권자에 대한 부분을 찾지 못하였습니다.
하지만 부득이 해당곡들을 사용하고자 하오니 부디 선처하여 주시기를 바랍니다.
추후 저작권 및 저작권 대리권자께서 본사로 연락을 주시면 곡의 사용에 대한 저작권법 및 저작자 권리단체의 규정에 따라 조치를 취할 것을 약속 드립니다.
저작자의 권리는 존중되어야 합니다.
부득이 저작권자의 승인없이 저작물을 사용하게 되어 대단히 죄송합니다.